L'âme juive

ISBN : 978-2-32402-230-2
Dépôt légal : septembre 2018

Conception et réalisation éditoriale : Gaëlle Mauduit Éditions
Direction artistique et mise en pages : Gaëlle Junius
Corrections : Valérie Talamon
Photogravure : Nord Compo

Éditions Gründ, un département d'Édi8
12, avenue d'Italie
75013 Paris
Tél : 01 44 16 09 00
Fax : 01 44 16 09 01
www.grund.fr

Eliette Abécassis Olivier Martel

L'âme juive

Gründ

Les auteurs remercient Franck Lalou pour ses lettres remplies de sens,
ainsi que tous ceux qui ont ouvert les portes de leurs maisons, de leurs synagogues,
de leurs écoles, de leurs musées à l'objectif d'Olivier Martel,
et sans qui ce livre n'aurait jamais vu le jour, tout particulièrement :
Professeurs Armand et Janine Abécassis ; Henri Azen ; Georges Bensoussan ;
Grand Rabbin Gilles Bernheim ; Famille Raphaël Bettach ; Richard et Suzy Blajman ;
Famille Cohen ; Daniel et Hélène Goldman ; Rabbin Delphine Horvilleur ;
Ruth Lazimi ; David Marciano ; Raphy Marciano ; Capucine Messas ; Ethan Messas ;
Sandra et David Nizard ; Famille Pinto ; Rabbin Mendel Samama ; Julien Sebbag ;
Famille Touboul ; Professeur Liliane Vana.
Ainsi que le Beth Loubavitch, Paris ; Beth Rivkah, Yerres ; Bibliothèque de l'Alliance
Israëlite Universelle ; Grande Synagogue de La Victoire, Paris ; La Boutique Jaune,
27 rue des Rosiers, Paris ; librairie du Temple, Paris ; Mémorial de la Shoah ;
Musée d'Art et d'Histoire du Judaïsme ; Synagogue Ahavat Shalom, Paris ;
Synagogue de Beth Hillel, Sucy-en-Brie ; Synagogue Buffault, Paris ; Synagogue
de Carpentras ; Synagogue de la Paix, Strasbourg ; Synagogue des Tournelles, Paris ;
Synagogue Nazareth, Paris ; Synagogue Safra-Enio, Paris ; Institut supérieur
de la Yeshiva de Brunoy, Essonne.

Pour Capucine et Ethan, mes âmes juives.

« Lève-toi, rayonne, car ta lumière est venue,
la gloire du Seigneur brille sur toi. » (Is, 60)

PRÉFACE

Rares sont les images de la vie juive.
Les textes, abondants, ô combien ! Bible, Mishna, Talmud, Cabale, commentaires de commentaires, parchemins, rouleaux et palimpsestes, et livres innombrables ! Mais les images, elles, sont comme proscrites. Comme si l'interdit de la représentation s'était appliqué à tous les aspects de la vie, comme si l'on risquait d'y déceler la présence divine, ou peut-être même, son absence ?
Cette absence qui est parfois une présence obsédante. Comme s'il fallait éloigner la contemplation qui fige, et garder la parole qui vibre.

Le projet était un défi : porter ce témoignage visuel, briser le tabou de la vision, montrer et donner à voir. Ce fut possible grâce à un homme, un photographe, Olivier Martel, qui a regardé ce monde d'un œil différent, singulier et unique. Venu des monastères et du grand art photographique, il a nimbé ses photographies de lumière et de grâce. Et peu à peu, il a ouvert la porte de la vie juive, s'est laissé prendre au jeu, s'est immiscé dans cet univers, pour en livrer des images inspirées, inspirantes, et elles-mêmes envoûtantes. Ce livre est le fruit de son regard.
À ces images qui magnifiaient et exaltaient la vie juive, il a fallu adjoindre des textes qui fussent à leur hauteur, ou plutôt, à leur profondeur, et qui puissent exprimer par des mots cette véritable transfiguration.
Avec ardeur, cherchant dans mes souvenirs tout autant qu'au présent, j'ai tenté de dire quoi ? Tout simplement l'émotion d'être juive. Et faire entrer par la porte sacrée du cœur et de l'esprit, dans ce monde secret, initiatique, serti de symboles et de sens, qui est mon monde, et désormais, le vôtre : bienvenue dans le secret de l'âme juive.

יהוה בהיכל קדשו

כתר תורה

Sommaire

היהודית

לשמה

1 LA JOIE DE PARTAGER

Le rituel au cœur de la vie juive vient magnifier et sanctifier les moments essentiels, en leur donnant un sens collectif et mystique. De la naissance à la mort, la vie est marquée par la prière, les gestes et les coutumes ; la communauté se déploie tout autour, comme pour envelopper les moments de joie, où l'on n'aime pas être seul, et les moments de tristesse, où l'on ne veut pas être seul...

L'ALLIANCE CHARNELLE

Je me souviens d'un cours du Grand Rabbin Gilles Bernheim sur la circoncision, lorsque j'étais étudiante. Il expliquait que ce rituel essentiel, qui prime tout, même Yom Kippour, était lié tout autant à l'alliance qu'à la relation entre l'homme et la femme, le prépuce étant comme une protection qui laisse le sexe masculin en quelque sorte replié sur lui-même. Ainsi la circoncision (*Brit Mila*) inscrit-elle dans la chair « le manque et le dessaisissement » ; c'est pourquoi, dit-il dans son livre *Le Souci des autres*, il porte « le sceau du message juif, à savoir l'injonction de s'ouvrir à l'autre. En cela, la circoncision signe et marque l'espace entier d'une vie juive. » Léon Askenazi, dit Manitou, place ce rituel dans une temporalité messianique, puisqu'elle survient au huitième jour, le huit étant le chiffre du Messie. Peut-être, quand le Messie viendra, les hommes seront-ils naturellement ou symboliquement circoncis : je pense au symbole, inscrit dans la Torah (Deutéronome) et évoqué par Jésus, de la circoncision du cœur, qui consiste pour l'homme à faire une place à l'autre, d'un point de vue affectif et spirituel. De se donner, de s'adonner à l'autre, d'être à son service au point d'oublier son ego. Je me souviens de la cérémonie qui eut lieu pour mon fils,à la synagogue. J'étais heureuse de cette entrée, si précoce, dans son histoire et sa culture, sa famille et les amis, réunis autour de lui. Je n'étais pas craintive, comme certaines mères, j'en ressentais plutôt une grande fierté. C'est vrai que ce n'est pas facile, alors même qu'on a porté un enfant pendant neuf mois, dans sa chair, qu'on l'allaite, prolongeant ainsi le bien-être et la plénitude de la grossesse, de le donner, de le vouer en quelque sorte à la communauté et à un destin collectif. C'est accepter, déjà si tôt, de se séparer de son enfant. C'est dire que son enfant n'est pas son enfant. C'est le vouer à un ailleurs et l'inscrire dans cette histoire-là. C'est lui donner une identité collective. C'est le rendre juif. Ce signe juif est désormais marqué dans son corps. À une semaine, il ne l'a pas choisi. L'élection n'est pas un privilège, c'est une responsabilité et un engagement.

Inscrite ainsi dans le corps, elle montre la difficulté et la pérennité de l'héritage. Il ne s'effacera jamais.
Alors je me penche sur mon bébé, qui sourit, et je lui murmure : « Ton trésor, c'est ton identité. Tes identités, toutes tes identités. Ce sont tous les actes de ta vie, les moindres comme les plus importants, qui sont la matière de ton être, les symboles et les mythes qui te constituent. Et ton identité n'est pas autre chose que ces symboles et ces mythes. Sans eux nous ne sommes rien ; rien que des morts vivants. » Des survivants.

L'ALLIANCE SPIRITUELLE

Plus tard, il y aura la *Bar Mitsva*, pour confirmer son appartenance, et cette fois, par l'apprentissage d'un passage de la Torah et la capacité de le dire devant tous et de le commenter. La pose des phylactères, que l'on noue autour du bras gauche, sept fois jusqu'à la paume, et trois fois autour du majeur, puis la boîte noire sur la tête, au-dessus des yeux, est un rituel qui marque l'entrée dans l'âge adulte. Les lanières forment la lettre *shin*, initiale de Shaddaï, l'un des noms sacrés de Dieu, dont la graphie évoque le feu qui brûle. Nos maîtres enseignent que les phylactères symbolisent le lien entre l'intention et l'action, entre le cœur, l'esprit et l'acte selon le verset : « Vous placerez ces paroles sur votre cœur et sur votre âme. » L'être humain a l'esprit, le cœur et le corps, tendus vers le même but. Les phylactères, c'est comme si l'on écrivait chaque jour sur son corps et dans sa tête les versets de la Torah.

כסא אליהו הנביא מלאך

« Et tu aimeras l’Éternel ton Dieu de tout ton cœur, de toute ton âme, avec tout ton pouvoir. »

On couvre ses yeux et l’on dit : « Écoute Israël, l’Éternel est notre Dieu, l’Éternel est Un. » Les petites boîtes cubiques contiennent un parchemin sur lequel un scribe a écrit des passages de la Torah. Le texte est le même, mais il est réparti différemment. Sur le bras, un seul parchemin est posé. Sur la tête, quatre pages sont rangées dans quatre petites cases. Si la pensée se déploie en de multiples interprétations, l’action, elle, doit être une.

« Béni est le nom de la gloire de Sa Royauté à tout jamais. Et tu aimeras l’Éternel ton Dieu de tout ton cœur, de toute ton âme, avec tout ton pouvoir. Que les paroles que Je t’adresse aujourd’hui soient sur ton cœur. Tu les enseigneras à tes fils, tu en parleras assis dans ta maison, en marchant sur le chemin à ton coucher et à ton lever. Tu les attacheras en signe sur ta main et elles seront comme des fronteaux entre tes yeux. Tu les écriras sur les poteaux de ta maison et à tes portes. »

Puis vient le moment solennel où le jeune homme lit le passage de la Torah devant tous. Par là, il affirme qu’il reprend le flambeau. De même pour la fille, lorsqu’elle fait sa *Bat Mitsva*. En tant que femme, elle est exonérée de certaines lois ayant trait au temps, dont le port des phylactères, le matin dès l’aube. Pour ma part, je ne les revendique pas. Mais j’ai tenu à ce que ma fille fasse un discours et un commentaire à la synagogue d’un passage de la Torah car nous avons, en tant que femmes, le droit et le devoir d’étudier.

Samuel

יהודה

VOICI LA LOI
QUE MOÏSE EXPOSA
AUX ENFANTS D'

מציון תצא תורה ודבר ה׳
וזאת התורה
אשר שם משה
ישראל

Famille
BERDAH
Famille
BERDUGO Georges
Famille
BERDUGO Hervé
MULLER Serge
Famille
NAKACHE Serge
Famille
NATAF Fabien
Famille
NIDDAM Elie
Famille
SAADA Yves
Famille
SCIALOM Olivier
Famille
SERFATY
Famille
SUTTON Elie

ה'
בהיכל קדשו
חס מפניו
כל הארץ

Ce que l'on transmet, ce n'est pas seulement un savoir, mais aussi des valeurs.

TRANSMETTRE

Je suis fière d'avoir créé une école, avec des amis, des appuis et le soutien de l'Alliance Israélite Universelle, lorsque ma fille est passée en sixième et que son école s'arrêtait au CM2. Pendant deux ans, je me suis consacrée presque exclusivement à la création et l'invention de cette école, dans le XVIe arrondissement de Paris.
Le secret de l'éducation juive vient sans doute de l'implication des parents dans la transmission de la connaissance. La pensée selon laquelle l'éducation ne concerne que les éducateurs (enseignants, coach) est aujourd'hui courante. Dans la tradition juive, les parents sont les vecteurs de l'éducation, et notamment la mère, qui a la mission spéciale d'ouvrir son enfant à la culture et à la transmission. Éduquer, c'est instruire, autrement dit apporter un savoir, mais c'est également former. Cela signifie que l'éducation comporte une part éthique, un ethos, et ce que l'on transmet, ce n'est pas seulement un savoir mais aussi des valeurs. Il s'agit avant tout de transmettre des idées universelles par le biais de l'étude et l'ouverture à la réflexion. Ainsi l'éducation juive repose-t-elle sur une éthique qui vise à former une identité de l'enfant en complétant son apprentissage : respect, bienveillance, ouverture à l'autre et vérité.
En devenant parent à son tour, l'on se rend compte de la difficulté et du bonheur de transmettre. Ma mère, professeur de psychologie, m'a donné le goût de lire et de chercher à comprendre, tout autant qu'elle m'a transmis un judaïsme rempli de gaieté, de délicieux plats, de grandes fêtes familiales et généreuses. Mon père m'a initiée au judaïsme par le questionnement. Il m'a appris toute jeune à réfléchir sur les textes et les concepts. Mais il a su aussi me transmettre un judaïsme vécu, une pratique enrichie par la pensée. Cet héritage millénaire de la culture juive – et aussi sépharade, puisque mes parents sont originaires du Maroc et sûrement, par notre nom, d'une Espagne lointaine mais bien présente dans nos cœurs –, est aujourd'hui une forte

source d'inspiration pour moi, que ce soit dans le domaine littéraire, spirituel ou dans ma façon de vivre. À mes enfants, je m'efforce de transmettre cet amour de la sagesse, ce goût de la recherche à travers les livres et l'étude. J'aimerais qu'ils puissent y trouver matière à se poser des questions, à évoluer et réfléchir, et à transmettre à leur tour notre belle tradition. C'est pourquoi le moment de la *Bat Mitsva* pour une fille à douze ans ou de la *Bar Mitsva* pour les garçons de treize ans est aussi émouvant, et aussi éprouvant. Est-ce que j'ai su transmettre ? Est-ce qu'ils vont perpétuer la tradition ? Sont-ils en crise morale, religieuse ?

À mon fils qui me dit, avant de devenir adulte : « J'ai l'impression que je ne crois pas en Dieu », je réponds : « Qu'appelles-tu Dieu ? À ton âge, tu dois savoir ce que ce n'est pas un personnage ou un être suprême. Crois-tu dans le bien, l'amour, le beau, le respect de l'autre, les valeurs éthiques, crois-tu qu'il faille respecter et aimer son prochain ? Alors tu crois en Dieu. » Celui qui dit qu'il ne croit pas est en fait croyant, campé qu'il est dans ses certitudes. Croire ou ne pas croire : telle n'est pas la question. Pour un juif, je dirais que c'est plutôt : quelle action ? Quelle direction ? Que faut-il faire ? Je ne crois pas, je sais qu'autrui est transcendant comme le dit Emmanuel Lévinas, et qu'entre lui et moi se joue l'épopée humaine de l'éthique. Certains « croyants » ne sont pas capables de respecter leur femme et ceux-là, je les méprise car ils détournent le projet divin et le foulent aux pieds.

Atelier de décloisonnement
Mardi
Jeudi
Vendredi

S'engager l'un envers l'autre,
devant Dieu et les hommes.

L'ALLIANCE SUR LA MAIN

Cette intimité si importante, au cœur de la vie juive, débute avec le mariage. Comment évoquer la solennité, la joie et la beauté du mariage juif ? Sous le dais nuptial, la future épouse est en blanc, le visage entièrement recouvert par un voile. Son fiancé est assis à côté d'elle, vêtu d'un costume noir, avec une chemise blanche. Derrière, les parents, chapeautés et habillés pour la circonstance. Le rabbin lève la coupe de vin, et dit la bénédiction rituelle : « Sois loué, Éternel notre Dieu, roi de l'univers, qui a créé le fruit de la vigne. » Ils se regardent, à travers le voile. Elle a les larmes aux yeux. Elle prend conscience de l'importance du moment. S'engager l'un envers l'autre, devant Dieu et les hommes. Désormais, leurs vies seront officiellement liées. Après la bénédiction, il prend une gorgée de vin, puis il lui offre le calice.

Alors il prend la bague, la passe autour de mon doigt. Puis il prononce la phrase fatidique, celle qui va sceller notre union : « Voici que tu m'es consacrée par cette bague selon la loi de Moïse et d'Israël. » Le rabbin, abrité sous un chapeau noir et son châle blanc, montre le contrat de mariage à toute l'assistance : la Kétouba, écrite sur un parchemin de la main du scribe et signée par le rabbin et les deux témoins. Puis le rabbin entonne une chanson. Sa voix s'envole : « Sois ma femme conformément à la loi de Moïse et d'Israël et moi, avec l'aide des Cieux, je travaillerai pour toi, je t'honorerai, te nourrirai, t'entretiendrai, t'alimenterai et te vêtirai. Conformément aux obligations imposées aux maris juifs, qui travaillent, honorent, nourrissent et entretiennent leurs femmes avec fidélité, je te donnerai ta nourriture, tes vêtements, ce dont tu as besoin, et je vivrai avec toi comme mari et femme, tel que l'usage l'exige. »

Puis le rabbin prononce les sept bénédictions rituelles, et notamment la septième, celle qui bénit Dieu, qui réjouit le marié et la mariée, avec une multitude de mots qui signifient tous la joie. Il place le mariage sous les auspices de l'amour,

la fraternité, la paix, l'amitié, et le plaisir, la jubilation, la réjouissance, l'euphorie des cœurs et des esprits. Le mariage juif, c'est donc cela : la joie. La joie d'être à deux, la joie d'être deux. L'allégresse, la félicité, le bonheur, la béatitude : il n'y a pas assez de mots pour décrire tous les niveaux de joie ressentis en ce jour. Mais au milieu de ce bonheur, un avertissement glace le sang. Un verre enveloppé dans un linge blanc. La mariée le pose par terre, et l'écrase d'un coup de talon sec et brutal. On garde les débris. Est-ce le symbole de leur vie passée, leur vie de célibataire qui s'achève – ou de leur horizon ? En souvenir de la destruction du Temple, dit-on.

Comme toute future épouse, avant mon mariage, j'ai reçu des cours sur les lois de pureté familiale, par la rabbine de notre communauté. Ce sont les lois de l'intimité conjugale que toute mariée doit connaître avant l'union. Un mari a des devoirs envers son épouse, ainsi qu'il est dit dans la Torah : « De sa nourriture, de son vêtement, de l'intimité conjugale, tu ne la priveras pas. » Rabbi Yossi commente : « Sa nourriture, c'est le contact des chairs. » On pourrait dire que le vêtement aussi. C'est peut-être trois façons de désigner la même chose. Les cabalistes insistent pour que le couple soit nu au moment de l'étreinte et que rien ne fasse obstacle au contact des corps. Le temps le plus favorable à l'intimité conjugale est la nuit de chabbath, jour consacré à Dieu.

Il est enseigné à tous les futurs époux que le devoir conjugal s'accomplit dans l'amour et non avec lassitude ou à contrecœur. L'homme doit embrasser sa femme au moment de l'union. Les cabalistes écrivent qu'il doit l'embrasser sur la bouche, qu'il faut prolonger l'étreinte et concentrer sa pensée sur sa femme pour qu'elle puisse « ensemencer la première ». L'époux a l'obligation d'accomplir le devoir conjugal. S'il contrevient à cette loi, la femme est en droit de demander le divorce. La Kétouba, le contrat de mariage, était établie dans le but de protéger la femme, même si

cela se retourne contre elle aujourd'hui. Elle indique le jour du mariage, le lieu du mariage, le nom des mariés et leur généalogie. Les obligations financières sont aussi spécifiées, de même que les devoirs réciproques entre les époux. Cette Kétouba, mon père avait passé une semaine entière à la graver de sa plume, de belles lettres carrées, à l'ancienne. Elle était décorée si magnifiquement à l'époque médiévale qu'elle constitue aujourd'hui l'une des sources de l'art juif. Sans l'acte de divorce que lui accorde son mari, une femme juive ne peut pas officiellement se remarier. Il est temps que cela change. C'est une priorité absolue pour le monde orthodoxe. Une question de dignité et de cohérence. C'est par la femme que se transmet le judaïsme. Selon la loi en effet, est juif ou juive toute personne ayant une mère juive, même si le père n'est pas juif.

« Qui trouve la femme vaillante dont la valeur
dépasse de loin celle des perles
Le cœur de son mari peut compter sur elle [...] »

LA FEMME VAILLANTE

La matrilinéarité du judaïsme donne à la femme un rôle prépondérant dans sa transmission, rôle que l'homme n'a pas, même s'il est porteur du nom. En ce sens, on peut dire que c'est la femme qui donne l'identité juive. Concernant la femme, il existe trois commandements qui lui sont spécifiques : l'allumage des bougies lors du chabbath, le prélèvement de la *halla* (un morceau de pain) lors de la fabrication du pain, et les lois dites « de la pureté », concernant la sexualité. Les deux premières lois ne sont pas réservées à la femme, bien que ce soit elle qui doive les accomplir en priorité : l'homme peut aussi les appliquer. En revanche, les « lois de pureté » sont fondamentales et spécifiques à la femme.

La femme juive, pour moi, c'est ma mère. Je l'ai toujours vue, en tant que professeur des universités, écrire sa thèse, se battre pour ses étudiants et ses idées, pratiquer son piano, transmettre l'amour de la musique à tous ses enfants et petits enfants et veiller, telle la femme vaillante, à son foyer. Comme Sarah, Rébécca, Esther, dont le courage et la force permettent la survie du peuple juif, mais aussi Judith, la guerrière, Myriam, la prophétesse et Ève, la première femme, qui invente la liberté, Déborah qui avait commencé à réunir les tribus avant David, ma mère est une matriarche. Née d'une fratrie de quatre filles, elle est la troisième au milieu de ses sœurs. Elle est aussi partenaire intellectuelle de mon père, avec qui elle travaille depuis toujours, tout autant en psychologie qu'en pensée juive, sur laquelle elle s'instruit, dans un esprit d'ouverture et de questionnement. Elle n'a pas sa pareille pour dresser une table de chabbath et pour faire un cours de psychologie clinique à la faculté. Elle sait organiser des repas pour vingt personnes, et créer une ambiance de fête incomparable, entre deux articles, une thèse et trois cours, sans oublier l'élégance de l'allure et du vêtement.

« Qui trouve la femme vaillante dont la valeur dépasse de loin celle des perles
Le cœur de son mari peut compter sur elle, la fortune ne lui manquera pas,
Elle lui procure du bien et non du mal tous les jours de sa vie,
Elle va à la recherche de la laine et du lin qu'elle façonne selon la volonté de ses mains
Elle est comme ces bateaux marchands : elle rapporte la nourriture de loin,
Elle se lève quand il fait encore nuit pour donner des vivres à sa maison et leur dû à ses jeunes filles,
Elle pense à un champ et l'achète, du produit de ses paumes elle plante un vignoble,
Elle ceint ses reins de force et déploie l'énergie de ses bras,
Savourant la réussite de ses démarches, sa lampe ne s'éteint pas dans la nuit
Elle met la main au rouet et ses paumes s'emparent du fuseau,
Elle tend la paume au pauvre et ouvre ses mains au malheureux,
Elle ne craint pas la neige pour sa maison car tous ses gens sont vêtus de vermeil,
Elle se confectionne des tapis ; son vêtement est fait de lin et de pourpre,
Son mari est considéré aux Portes, quand il siège parmi les anciens du pays
Elle fabrique aussi des tissus et les vend, elle livre des écharpes au marchand,
Enveloppée de force et de splendeur elle sourit au jour à venir,
Elle ouvre la bouche avec sagesse et des conseils de piété sont sur sa langue,
Elle surveille les mouvements de sa maison et ne mange jamais le pain de la paresse,
Ses fils se lèvent et la félicitent, et son mari la glorifie,
Nombreuses sont les femmes dotées de vertus, mais toi tu es au-dessus de toutes,
Mensonge, la grâce ; vanité, la beauté ; c'est la femme qui craint l'Éternel qui mérite louange,
Donnez-lui du fruit de ses mains. Et que ses actions la louent aux Portes. »

2

לשמה

2 LE PEUPLE DU LIVRE

Les juifs ont un rapport singulier au texte. Plus que le peuple du Livre, « ils sont le peuple de l'interprétation du livre », comme le dit Armand Abécassis. Bien sûr, au début, il y a la Bible, que l'on appelle à tort, l'Ancien Testament, ce qui sous-entend qu'il est obsolète. Obsolète, il ne l'est pas ; puisqu'il est depuis toujours la source d'innombrables commentaires. Il n'est ni ancien, car il est toujours d'actualité, ni testament, sinon Dieu serait mort ! Il est source d'innombrables paroles, paroles de vie et commentaires, commentaires de commentaires, dans les livres d'exégèse biblique, dont le plus connu est le Talmud.

Le Talmud est le livre le plus étonnant de la tradition juive. C'est un projet fou, inouï, écrit par des centaines de penseurs, sur un millier d'années, un livre subversif qui aborde tous les sujets, depuis les plus intimes de la vie quotidienne, jusqu'aux questions de politique et de droit, de morale et de métaphysique, d'une façon originale car contradictoire. Il nous apprend à penser, puisqu'il n'y a pas de véritable pensée sans contradiction. En cela, il est révolutionnaire. C'est le livre à brûler pour ceux qui pensent que la vérité existe, et qu'elle est unique.

LE MAÎTRE ET L'ÉLÈVE

Depuis que je suis petite, j'entends mon père faire ses cours de Talmud. Quand j'étais enfant, c'était à la maison, pendant le chabbath, mes parents disposaient de nombreuses chaises dans le salon et salle à manger, il y avait à boire et des gâteaux ; et de ma chambre, je l'entendais enseigner pendant que je jouais avec ma sœur. Puis plus grande, je me suis mise à assister à ses cours, jusqu'à aujourd'hui où je les suis tous les samedis matin à la synagogue, après l'office. Pour moi, ce sont des moments d'inspiration uniques, car nous assistons à la pensée en action : cela se passe dans la transmission orale, que l'écrit ne permettrait pas car il fige la réflexion. Il y a, dans l'oralité, une pensée vivante et ouverte à la discussion, qui surgit autant par la rationalité, que par l'association d'idées. Une florescence, une naissance de réflexions qui s'enchaînent, souvent ralliées, ou des grands principes vitaux. Mon père est unique dans sa façon d'enseigner : avec lui les passages les plus difficiles du Talmud deviennent clairs et chacun a l'impression qu'il parle de lui. Il est le maître de l'interprétation. Il est le maître du Talmud.

Je me souviens que pendant une année, nous avions étudié le traité du Talmud sur les rêves, l'un des plus remarquables, mais qui nécessite la

«Un rêve non interprété est semblable à une lettre non lue.»

présence d'un maître pour nous initier à ses secrets et ses multiples subtilités.

– Rabbi Yohanan enseigne que : « Celui qui fait un rêve qui oppresse son âme doit aller l'interpréter auprès de trois spécialistes. »

Les rabbins demandent : « Pourquoi l'interpréter ? »

– « Et pourquoi trois spécialistes ? demande un élève. Un ne suffit pas ? »

– Rav Hisda répond : « Un rêve non interprété est semblable à une lettre non lue. » Et Rabbi Benaa dit : « Il y avait à Jérusalem vingt-quatre interprètes de rêves. Un jour, après avoir rêvé, je me rendis auprès de tous ; le sens trouvé par chacun était différent du sens trouvé par les autres. Cependant, les vingt-quatre sens différents se réalisèrent en moi. Ainsi prend son sens le verset de l'Écriture : "Tous les rêves dépendent de la bouche." Chaque interprète a sa propre méthode et sa propre démarche. C'est la raison pour laquelle il est nécessaire d'aller voir plusieurs interprètes. »

– Si l'on n'allait voir qu'un interprète, on n'aurait pas accès à la véritable interprétation du rêve ?

– Un seul interprète ne donnerait qu'une facette du rêve, celle qui naît de son regard à lui.

– Comment savoir quel interprète a raison et lequel a tort ?

– Aucun n'a raison ou n'a tort. L'interprétation est personnelle, et dépend autant du rêveur que de l'interprète. Elle est intime, et orientée vers une fin : aider le sujet à résorber son angoisse, celle qui est à l'origine du rêve. L'interprétation ne révèle pas la vérité, ni même le sens du rêve.

– Mais si chacun a sa propre interprétation et que toutes se valent, c'est donc qu'il n'existe pas de vérité ? Il n'est donc pas possible de connaître le sens d'un rêve ?

– L'interprétation du rêve est multiple car son objectif n'est pas de définir la vérité du rêve mais de réconcilier le rêveur avec lui-même, par une parole créatrice qui lui permet de résoudre ses conflits intérieurs...

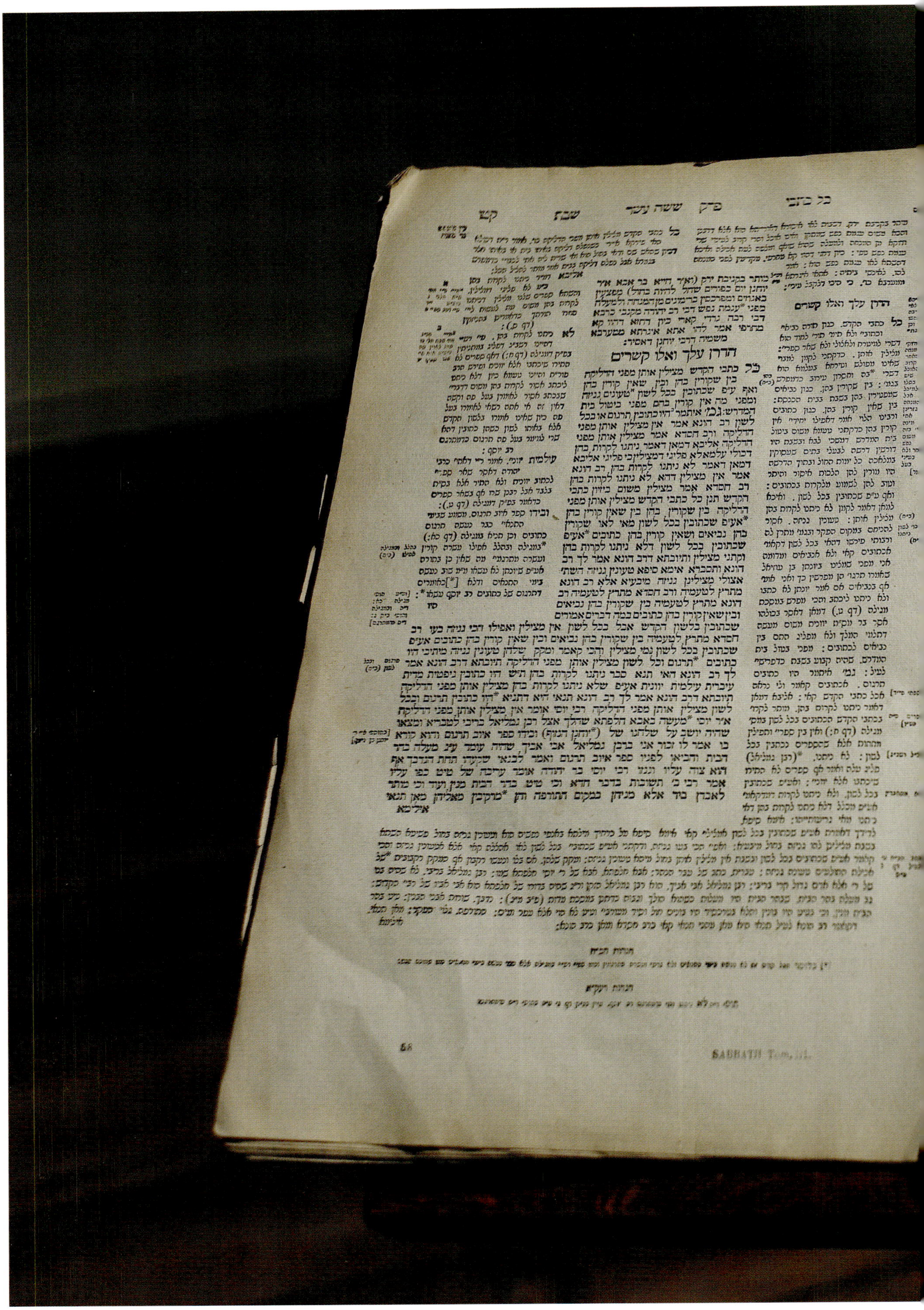
כל כתבי פרק ששה עשר שבת קטו
הדרן עלך ואלו קשרים
SABBATH

ואלו קשרים פרק חמשה עשר שבת

Sans lui, nous ne serions pas là, à commenter, à écrire, et à interpréter la Torah de cette façon-là.

J'ai entendu dire, quand j'étais adolescente, que le texte révélé, c'était le Talmud composé de la Mishna, le code de nos lois, et de la Guemara, qui récapitule les discussions de nos maîtres sur tous les sujets possibles. La Guemara est commentée par notre maître Rachi, qui est lui-même commenté par les tossafistes. Rachi est le plus grand de tous, le penseur et rabbin qui a révolutionné la lecture de la Bible. Impossible désormais de lire nos textes autrement que par son regard, à travers ses yeux et sa plume. Sans lui, nous ne serions pas là, à commenter, à écrire, et à interpréter la Torah de cette façon-là. Il est le plus fort, le plus précis et synthétique car il n'avait pas beaucoup de place pour écrire. Donc sa pensée est lapidaire. Enfant prodige, il a étudié dans les écoles talmudiques rhénanes, à Mayence auprès des rabbins les plus réputés. Puis à Worms, où enseignaient de nombreux maîtres. Après sa formation auprès des commentateurs les plus érudits et les plus compétents de son époque, Rachi revint à Troyes pour gagner sa vie en tant que vigneron, et pour fonder une école talmudique qui fut très vite parmi les plus fameuses d'Europe. Pendant les croisades et les attaques contre les communautés juives, il fut le protégé du comte de Champagne, mais son cœur saignait pour les membres de sa communauté, victimes de la barbarie des croisés. Ses étudiants venaient de loin pour suivre son enseignement. Il les fortifiait dans leurs exigences, et les poussait à travailler et à écrire, dans des conditions de vie précaires et difficiles.

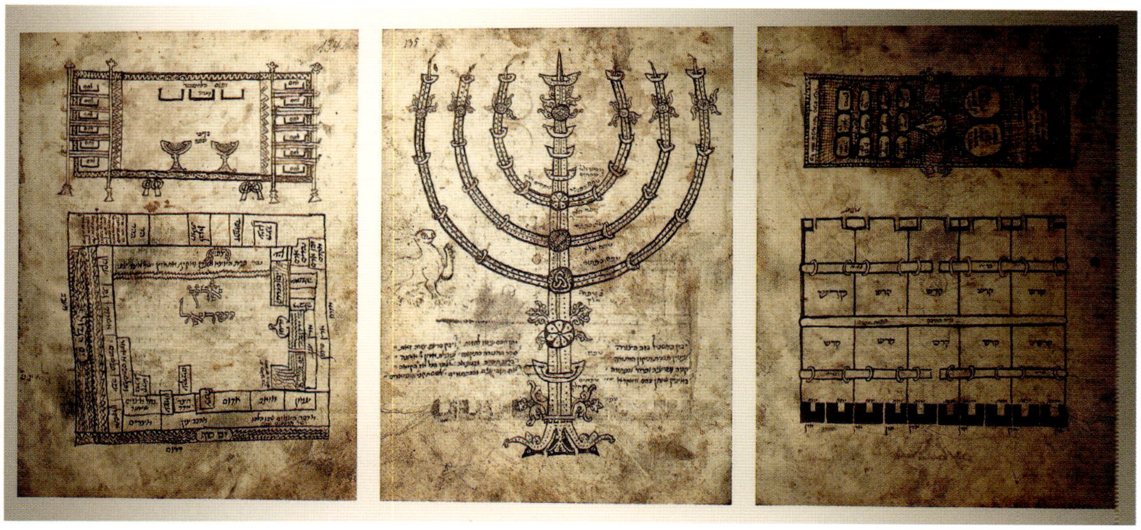

תמונת רבינו שלמה יצחקי ז״ל רש״י
Salomon Rachi
1040 - 1105
GOZLAN

LES FERVENTS

Dans les maisons d'études au Moyen Âge, étaient les *perushim*. Le mot vient des mots hébreux *parash*, qui signifie « séparé », c'est-à-dire séparé du péché, de l'impureté, des autres, et de *perush*, « pharisien », d'après le courant qui existait aux temps antiques. Ces écoles étaient régies par des lois définies selon des critères bien précis. Les Cohen et les Levis devaient consacrer l'un au moins de leur fils à l'étude. Les *perushim* ne la quittaient pas pendant sept ans. Ils vivaient, mangeaient, dormaient dans le même lieu. Ils avaient des règles de vie très strictes : ils devaient éviter de prononcer des mots superflus ou inutiles. Ils restaient célibataires pendant le temps de leur apprentissage. Tous les juifs payaient une taxe de douze sous pour les étudiants, maîtres et traducteurs, ainsi que pour acheter des livres.

Quand les élèves se trouvaient dans leurs écoles, leurs maîtres surveillaient leur conduite. Les jeunes hommes récalcitrants étaient renvoyés. Les professeurs ne prenaient pas plus de dix personnes par classe. Ils les instruisaient à partir des textes seulement. Les instructeurs entraînaient les jeunes à revoir les leçons données et à se poser des questions dans la soirée, à propos des sujets abordés durant la journée. Chaque vendredi, une récapitulation du travail de la semaine, et de la semaine passée était effectuée. Et chaque nouvelle lune, les leçons des précédents mois étaient révisées.

Les maîtres donnaient leurs cours pendant l'hiver, depuis octobre à mars, pendant un quart de la nuit, et les étudiants devaient apporter un peu d'argent pour payer la lumière durant cette période. Les instructeurs ne s'engageaient ni dans un travail physique ni dans l'écriture pendant la période de leurs services. De plus, des inspecteurs ou des gardes avaient pour mission de s'occuper d'eux, afin d'être sûrs qu'ils enseignent et se comportent correctement vis-à-vis des élèves. Un surveillant était en charge du respect des lois et du bon fonctionnement de tout. Si les élèves

quittaient la maison d'études, ils étaient passibles d'une amende ou d'une punition.
Les plus pauvres recevaient une bourse attribuée par l'école, grâce aux dons des fidèles. On ne leur demandait pas de savoir les textes par cœur mais ils apprenaient à les étudier, à partir de la traduction précise de l'instructeur. Les livres araméens étaient traduits en français jusqu'à ce qu'ils puissent maîtriser correctement la langue du Talmud et qu'ils soient capables de réfléchir sur les textes plutôt que s'arrêter à la définition des mots. Les maîtres les poussaient à les questionner sur les sujets abordés.
Aujourd'hui, dans les yéchivoth où que ce soit, c'est la même ambiance : des jeunes hommes qui étudient, qui consacrent leur journée au Talmud. Dans ce monde bien masculin, il faudrait plus de femmes. Elles aussi peuvent étudier et enseigner, comme le fait le professeur Liliane Vana, fondatrice de « LectureSefer » suite à la lecture de la Torah par les femmes, qu'elle a initiée dans et pour le monde orthodoxe.
En effet, le 9 octobre 2012 a eu lieu, en France, une lecture publique de la Torah par des femmes appartenant au courant orthodoxe du judaïsme. Organisée par le professeur Vana à la synagogue consistoriale de la rue Ancelle, à Neuilly, cette lecture, qui s'est tenue dans une salle attenante à la synagogue préparée à cet effet avec une barrière conforme à la loi, de 180 cm de hauteur, séparant les hommes des femmes dans une assise parallèle, était une première en France. Elle a été suivie d'autres lectures de femmes, chaque année, dans un projet qui me semble essentiel pour le judaïsme.
Contrairement à ce qu'on veut nous faire croire, l'étude n'est pas réservée aux hommes, puisque Rachi lui-même enseignait à ses filles. À l'heure actuelle, sur ce sujet, nous sommes bien plus rétrogrades qu'au Moyen Âge, puisque dans notre pays, certains interdisent aux femmes de venir étudier le Talmud.

Lorsque nous assistons à un retour du religieux sous sa forme la plus extrême et la plus simpliste, qui consiste à croire ou plutôt à faire croire que Dieu dicte ses lois, ce que nous dit le Talmud, c'est que tout est une question d'interprétation (humaine) de la parole divine.
Et cette interprétation est nécessaire pour échapper au fanatisme. J'aime bien toutes les tendances du judaïsme et j'aime tous les juifs, du plus orthodoxe au plus irréligieux, mais je suis plus attachée au judaïsme orthodoxe, plus précisément à ce que l'on appelle *modern orthodox*, aux États-Unis, une façon de respecter la tradition tout en participant à la vie moderne et en restant fidèle à la *Halacha*.
Au moment où les religions sont discréditées par leur extrémisme, et où les gens sont perdus, sans repères et sans valeurs, sans doute les écrivains, les penseurs, les philosophes peuvent-ils être les guides pour nos sociétés sans âme, dominées par l'hypercapitalisme et la technologie. Nous avons besoin de chemins, de directions, de maîtres.

LE PEUPLE DU LIVRE

Comment donc est née l'étude ? Selon une théorie historique récente, il fut un temps, où le peuple juif vivait en majorité en Judée et en Mésopotamie, et travaillait la terre sans savoir ni lire ni écrire. Cependant, comme tous les peuples autour d'eux, il ne parvenait pas à survivre aux guerres, aux envahissements, aux autres cultures. Alors il y eut une mutation décidée par les rabbins : paysans et analphabètes, les juifs disparaîtraient, urbains et lettrés, les juifs survivraient. C'est ainsi que le peuple juif est devenu un modèle de communauté citadine éduquée et dynamique dans le domaine de l'artisanat, du commerce et de la banque. La survie était dans l'étude.
Après la destruction du Second Temple, les savants et les rabbins remplacèrent le service du Temple et les sacrifices rituels par la lecture de la Torah à la synagogue afin que les enfants puissent avoir une instruction religieuse. Vers 63, le grand prêtre Joshua ben Gamla publia une

« Fais de l'étude de la Torah
ta principale préoccupation. »

ordonnance religieuse qui ordonnait aux pères d'emmener leur fils à l'école. Cette décision a pris la forme d'une *takkanah*, c'est-à-dire qu'elle avait force de loi. Ainsi avec l'ère talmudique, les juifs sont devenus une population de lettrés. Ceux qui n'obéissaient pas à l'éducation et l'alphabétisation devenaient des parias. Ceux qui ne voulaient pas se soumettre à cette loi se convertissaient. Les autres abandonnaient le travail de la terre pour s'installer dans les villes et respecter l'injonction de maître Shammaï :

« Fais de l'étude de la Torah ta principale préoccupation. »

Tout cela a été rendu possible grâce à un personnage essentiel de l'histoire juive. Cet homme changea la vie de tous. Il fonda véritablement le judaïsme tel qu'il est de nos jours, et tel qu'il restera. Certains disent qu'il est aussi important que Moïse. Sans lui, les juifs auraient-ils survécu ? Ou se seraient-ils dispersés à la surface de la Terre comme les autres peuples ? Ezra, le scribe qui dirigea le peuple judéen pendant l'exil babylonien, au Ve siècle avant notre ère, et qui inaugura la lecture publique de la Torah comme élément nouveau de la vie juive. Envoyé par le roi Artaxerxès, Ezra partit à Jérusalem avec deux cent cinquante prêtres, et mille cinq cents hommes, avec leurs femmes et leurs enfants, près de huit mille personnes en tout, afin de faire une enquête sur la situation des juifs à Jérusalem. Lorsqu'il arriva, Ezra déchira ses vêtements et son manteau, et s'arracha littéralement les cheveux. Même les prêtres avaient abandonné toute pratique et toute spiritualité. Là il découvrit l'étendue de la perte et décida d'y remédier par des moyens intellectuels et moraux. Et il décida d'organiser l'enseignement et la lecture de la Torah, sous la forme simplifiée du Pentateuque, les cinq livres de Moïse, Genèse, Exode, Lévitique, Nombres et Deutéronome, depuis la création du monde jusqu'à la mort de Moïse. Un ensemble cohérent qui pourra être le livre de référence de la tradition juive.

אגרות קודש

C'est donc Ezra qui a placé le livre au centre de tout et qui a annoncé qu'être juif, c'est lire et interpréter un texte afin d'en garder la mémoire. Avant lui, la Torah était sous le pouvoir exclusif des grands prêtres. Après, tout un chacun put lire, apprendre, et officier. Ezra démocratisa l'apprentissage pour le sauver. C'est sur son initiative que l'on officie dans chaque synagogue en lisant la Torah. C'est lui aussi qui créa l'assemblée des cent vingt sages, comprenant les prophètes Daniel, Malachie et Zaccharie. Il traduisit la loi en araméen, pour que le peuple la comprenne, car il ne parlait plus l'hébreu. Grâce à lui, le judaïsme fut sauvé de l'oubli. Ezra le scribe est le véritable père du judaïsme tel que nous le vivons : le judaïsme rabbinique.
Face à cette centralité de l'étude, les attaques ont été nombreuses.
Lorsque Rome promulgua un décret qui interdisait l'étude et la pratique de la Torah, le brigand Pappos ben Juda trouva Rabbi Aquiba avec ses élèves en pleine étude.
« Aquiba, lui dit-il, tu ne redoutes pas la colère de Rome ?
Entends cette parabole, répondit le maître. Elle reflète la situation présente. Un renard se promenait au bord d'une rivière, il y vit des poissons qui filaient dans toutes les directions.
– Que fuyez-vous ainsi ? leur dit-il.
– Les filets que nous ont tendus les hommes pour nous capturer.
– Allez sur la berge, nous vivrons ensemble, comme mes aïeuls et les vôtres !
– Est-ce bien toi, qu'on nomme le plus sage des animaux ? Tu n'es qu'un fou ! Si nous sommes effrayés dans notre lieu de vie, comment serions-nous dans notre lieu de mort ?
Il en est de même pour nous, dit Rabbi Aquiba. Nous étudions la Torah, car il est écrit : « Elle est ta vie, le prolongement de tes jours. » Si nous ne le faisons pas, ce sera pire encore car nous mourrons. Quelque temps plus tard, on arrêta Rabbi Aquiba et on le jeta en prison. Il y fut rejoint par Pappos ben Juda, également arrêté.

Être juif, c'est lire et interpréter un texte afin d'en garder la mémoire.

– Qui t'a amené ici ? lui demanda Rabbi Aquiba.
– Bienheureux Aquiba, répondit ben Pappos, c'est pour la Torah que tu te trouves ici. Je n'y suis, quant à moi, que pour des choses vaines !
Puis quand Rabbi Aquiba fut conduit au supplice, ce fut l'heure de réciter le Chéma. Et tandis qu'on lui lacérait les chairs avec des brosses de fer, ses étudiants lui dirent : « Maître, c'est à ce point qu'il faut aimer la Torah ? »
– Toute ma vie, répondit Aquiba, j'ai été troublé par le verset « de toute ton âme... »
Et je le comprenais ainsi : « Même s'Il te prend ton âme », et je me demandais s'il me serait un jour donné de le mettre en pratique. Comment n'accomplirais-je pas aujourd'hui ce que j'appelais ainsi de mes vœux !
– Lorsque Rabbi Aquiba expira, il dit la prière « Écoute Israël, l'Éternel est notre Dieu, l'Éternel est Un », et s'attarda sur la prononciation du mot « Un ». Et une voix se fit entendre du ciel : « Bienheureux, Rabbi Aquiba, toi que l'âme a quitté sur ce mot : Un. » Mais les anges serviteurs s'étonnaient devant le Saint-Bénit-soit-Il : est-ce là la récompense qui convient à un tel amour de la Torah ? Celui-ci ne méritait-il pas de figurer parmi ceux dont il est dit : « Par Ta main, ô Éternel, sauve-moi de ces hommes, de ces gens esclaves du monde » ?

LE LIVRE INTERDIT

Plus tard, vint l'Inquisition. En 1240, le roi Louis IX, qu'on appelle Saint Louis, organisa une grande controverse, pour savoir s'il fallait brûler le Talmud, entre les quatre plus grands rabbins de l'époque, Yehiel de Paris, Judas ben David de Melun, Samuel ben Salomon, ainsi que Moïse de Coucy. Face à eux étaient l'archevêque de Sens Gautier Cornut, l'évêque de Paris Guillaume d'Auvergne, le chancelier de l'université de Paris Eudes de Châteauroux, ainsi que plusieurs autres autorités ecclésiastiques. À l'issue de ce procès, vingt-quatre charrettes remplies de manuscrits juifs furent prises et brûlées sur la place de Grève à Paris, c'est-à-dire, pense-t-on, douze mille volumes. Ceci mit fin à l'essor de la pensée talmudique française, et pour toujours. Dans le Talmud, il est écrit cette phrase : « Je vois le parchemin qui brûle mais les lettres s'envolent. » (Avoda Zara, 18 a)

LE LIVRE DE LA SPLENDEUR

Dans un autre courant de réflexion, la mystique juive nous offre un niveau d'étude différent. Dans son livre *La Couronne royale*, le grand Ibn Gabirol, philosophe et poète né en 1021 à Malaga, retrace la quête spirituelle, la libération de l'être, dans la lumière et la vérité, c'est-à-dire la connaissance du fait que tout est un. Ce livre est le dernier poème de Gabirol, son testament, le résumé de sa vie, de ses connaissances tant scientifiques que théoriques, et de l'unité profonde qui les relie. On dit qu'il a inspiré la Cabale où il est fait mention de la couronne qui est la sphère supérieure de l'Arbre de vie : c'est le couronnement de la quête spirituelle, qui conduit à l'ultime libération de l'être, c'est-à-dire à l'extase. Celui qui y a goûté a traversé l'expérience suprême. Gabirol dans son œuvre oppose le savoir et la sagesse : le savoir comme connaissance acquise qui s'adresse à l'intellect, et la sagesse comme connaissance intime, intuitive, qui ne s'acquiert qu'au prix d'une vision en profondeur

מה טבו אהליך יעקב משכנותיך ישראל
נדבת
שמעון ומרים קוהנה
ה״ו

de la vie. De haut en bas, de bas en haut, de l'homme à Dieu, de Dieu à l'homme, il y a cette vérité que les mots peinent à traduire et qui correspond à la recherche de l'infini.

Dans *La Couronne royale*, Gabirol pose la question de l'homme et de sa fragilité. Dès le début de son existence, l'être humain est angoissé et humilié, blessé, frappé par Dieu et affligé. Dès son origine, il est une « paille pirouettée par le vent » et à la fin un « fétu emporté ». Au cours de sa vie, il est comme une « herbe desséchée ». Gabirol faisait partie de ceux qui possèdent l'expérience spirituelle. Ceux-là cessent d'être religieux : ils n'ont besoin d'adhérer à aucun credo. Sa mort précoce reste un mystère. Certains dirent qu'il fut assassiné par un poète arabe envieux. On dit aussi que le meurtrier cacha son cadavre sous un figuier et que, l'année suivante, l'arbre produisit une telle abondance de fruits que l'attention fut attirée sur lui, et que le crime fut ainsi découvert. Sans doute une allégorie pour énoncer à quel point la pensée de Gabirol a fécondé le monde juif. Mais ce qui l'a vraiment miné, c'est le drame terrible qui eut lieu en 1066, le jour où les musulmans massacrèrent quatre milliers de juifs à Grenade. Après l'horreur, le poète éprouva un sentiment de solitude, un dégoût de vivre parmi ceux qui ne savent pas distinguer la droite de la gauche, comme il dit, et un désir d'en finir avec la vie.

Plus tard, en 1506, le cabaliste Isaac Abravanel, homme politique et financier des rois du Portugal, rédige son *Commentaire du récit de la création*, après avoir connu plusieurs fois la gloire puis la disgrâce et l'exil, afin d'assurer la transmission d'un savoir ancestral et pour prendre une fois de plus la responsabilité de défendre et de convaincre sa communauté de la profondeur de la pensée juive. Disciple d'Aristote, qu'il appelle « le premier des philosophes », Isaac Abravanel est avec Maïmonide, Nahmanide, et Judah Halevi, une figure majeure du judaïsme sépharade. Ce commentaire de la Genèse, qui est devenu un

classique, est un âpre combat avec un texte, celui de la Bible, afin d'en extraire le sens, en convoquant la grammaire, la logique, et la philosophie. Avec une grande rigueur de pensée, et à la lumière des commentaires qui ont précédé le sien, Abravanel décortique chaque verset, chaque phrase, chaque mot de la Genèse.
Ce qui frappe dans sa philosophie est sa stupéfiante modernité, qui le rapproche plus de la philosophie analytique que de la théologie classique. Le problème, pour Abravanel, n'est pas tant de construire un système ni de démontrer l'existence de Dieu, que de rechercher la cohérence d'un mot dans un texte, et le sens que propose le texte, si on en varie les acceptions, en éliminant les sens inacceptables et en analysant les idées qui en découlent. Son interprétation de la Torah est inspirée par l'intérêt qu'il porte au politique.
« Au commencement, dit-on, Dieu créa le ciel et la terre. Et la terre était tohu et bohu, les ténèbres couvraient la surface de l'abîme. »
Cette simple assertion sur laquelle s'ouvre la Bible soulève un nombre incalculable de problèmes et de questions : par exemple, si l'intention du texte est de nous apprendre le déroulement chronologique de la création, comment peut-il commencer par « le ciel et la terre » qui sont des termes collectifs qui englobent tous les existants matériels supérieurs ou inférieurs ? Comment peut-il y avoir une création du monde, s'il y a déjà le ciel et la terre ? Pour Abravanel, la lecture de Rachi, selon laquelle il faut en réalité lire : « Au commencement de la création par Dieu du ciel et de la terre, la terre était tohu et bohu » est tout aussi problématique, car elle récuse l'idée de création ex-nihilo sur laquelle est fondée celle du Dieu créateur. Passant en revue un grand nombre de commentaires, Abravanel conclut qu'aucun n'apporte une explication véritable à ses questions. Empruntant le principe de « Gzerah Chavah », qui consiste à prendre dans un verset un terme qui n'est pas interprété, à le comparer

à un terme semblable dans un autre verset, Abravanel préfère chercher le sens des mots pour élucider – non pas le mystère de la création – mais celui du texte de la Genèse, de sa cohérence et de son sens.

AU COMMENCEMENT, LA PAROLE

En vérité, le commencement n'existe pas. Il n'y a qu'un seul commencement : celui qui appartient à Dieu qui a créé le monde à partir du néant. *Berechit Bara Elohim.* Par le commencement, qui survient, évidemment avec la lettre *beth*, deuxième de l'alphabet, et non l'*aleph*. Autrement dit, cette énigme est notre porte vers ce qui est caché. Ainsi la Torah commence-t-elle donc littéralement par la phrase : « *Au commencement de*, Dieu créa le ciel et la terre. » Elle débute par la lettre *beth*, deuxième lettre de l'alphabet, et le verbe « créer » (*Bara*) commence également par un *beth*. Il y a deux *beth* : *Berechit Bara*. Nos maîtres racontent une histoire, à ce sujet. Chaque lettre s'est présentée pour être la première lettre de la Torah, chacune avec son argumentation et ses raisons de le faire. Or Dieu a choisi le *beth* car il fut le seul à dire : « Maître du monde, choisis-moi car avec moi la création sera placée sous le signe de la bénédiction (*Baroukh*, qui

בראשית
שיר השירים

Il existerait deux commencements, celui du *beth* qui se voit, le monde tangible et matériel, et l'*aleph* qui est caché, qui ne se voit pas, le monde métaphysique.

commence par la lettre *beth*) en haut et en bas. » Ainsi si l'on prend en compte le fait que la valeur numérique du *beth* est deux, ne pourrait-on dire que la créature est placée sous le signe du deux, et que c'est cela la bénédiction ? Il existerait deux commencements, celui du *beth* qui se voit, le monde tangible et matériel, et l'*aleph* qui est caché, qui ne se voit pas, le monde métaphysique. Derrière le *beth* se cache bien l'*aleph*, qui est le vrai commencement.

Un autre versant de la Cabale est proprement mystique, comme celle d'Abraham Aboulafia, et explique comment, grâce à la Cabale extatique, il est possible de parvenir à la plénitude avec Dieu, par l'attention au langage sous tous ses aspects, le son des lettres, leur forme, leur valeur numérique ou leur combinaison. Joseph Gikatila, dans son superbe livre, *Le Secret du mariage de David et Bethsabée*, éclaire l'énigme de la relation entre David et Bethsabée, à travers la conception de l'amour cabalistique, qui n'est pas la réunion des corps disloqués de l'androgyne comme chez Platon mais la complémentarité des âmes, destinées l'une à l'autre depuis la création. Comme le montre l'histoire de David et Bethsabée, si l'on n'est pas suffisamment vertueux ou avisé, on peut se tromper d'âme et faire un mariage malheureux. En décidant de faire du Zohar un livre accessible pour l'humanité, mais d'une façon voilée qui en protège encore les secrets, son créateur, Moïse de Léon en a fait aussila racine du bien et du mal, et à travers cela, une façon de vivre, une morale et une éthique. Le Zohar est le joyau de notre tradition, le trésor du monde sépharade. C'est la raison pour laquelle cette création comparable à aucune autre fut élevée au Maroc à la dignité de livre sacré comme la Bible et le Talmud.

ספר הזהר

La force du Zohar est de ne pas s'adresser seulement aux lettrés, aux intellectuels, mais à tout le monde. Par les rites, chacun voyait surgir le divin dans sa vie quotidienne. Le Zohar est devenu un livre aussi vénéré que le Talmud dans le monde juif, et il a également ouvert le monde de la Cabale aux chrétiens de la Renaissance jusqu'à aujourd'hui, avec l'idée que tout ce qui est sur Terre a sa correspondance en haut, et qu'il n'existe pas la moindre chose qui n'ait une signification spirituelle. Le Zohar développe l'écriture des dix séfirot, ou éons, ou encore émanations de Dieu qui visent à décrire la structure du monde et de la destinée humaine. Ces dix émanations sont la façon dont Dieu communique avec l'homme. Ainsi, il affirme que le spirituel et le charnel ont entre eux de secrètes et mystérieuses complicités, et contractent une alliance comme l'attestent certains faits de la vie quotidienne.

LA PENSÉE JUIVE

À Paris, lorsque j'étais étudiante, j'ai suivi les cours de Gilles Bernheim, et aussi des conférences de Manitou (Léon Askenazi) : leurs lectures du texte l'ouvraient à la philosophie et aux sciences humaines, ce qui l'éclairait de manière féconde. Je n'ai pas suivi les leçons d'Emmanuel Levinas à l'École Normale Israélite Orientale, où déjà avait étudié mon grand-père, mais je les ai lues et enseignées plus tard à mes élèves en philosophie. *Totalité et infini*, reste pour moi l'une des plus grandes œuvres de notre temps. Je crois que l'école de Paris, dévastée et brûlée par Louis IX (« Saint Louis »), est à nouveau née au lendemain de la guerre, dans le sillage de Jacob Gordin, et de l'école d'Orsay, avec Manitou, où fut aussi formé mon père. Ce judaïsme à la française, ouvert vers l'universel, le dialogue aussi bien avec les cultures et l'humanisme qu'avec la philosophie, a autant influencé la France qu'elle l'a influencé. Les discussions bibliques, rabbiniques, midrashiques

Tout ce qui est sur Terre a sa correspondance en haut, et il n'existe pas la moindre chose qui n'ait une signification spirituelle.

« Nous ferons et nous écouterons. »

de ces penseurs, résultent d'une parfaite synthèse entre les sciences humaines, la psychologie, la psychanalyse, la sociologie et l'étude juive. Je me souviens d'un cours de Gilles Bernheim évoquant la transmission, à partir du commandement « Honore ton père et ta mère », qu'il traduisait littéralement par « Donne son juste poids à ton père et à ta mère » : la parole du père et de la mère ne doit être ni trop lourde ni trop légère pour les enfants. C'est ainsi que l'on peut parvenir à une maturité de la transmission, à ce juste milieu qui est la voie de la Torah. Et comprendre, comme le dit Armand Abécassis, qu'être, prendre conscience de soi, « c'est prendre conscience de moi comme un être séparé de toi et relié à toi. »
Ces cours renouent avec la tradition juive de la loi orale, cette façon de penser spécifiquement juive par la confrontation des idées et des points de vue, dans une dialectique vivante, et ouverte. J'aimerais tant que ce courant intellectualiste domine, et parvienne à élever le niveau faible et superstitieux dans lequel se complaisent, hélas, beaucoup de gens. Le judaïsme survivra par et pour l'étude autant que par le rituel, comme il est dit : *Naassé ve nichma !* « Nous ferons et nous écouterons. »

3

היהודית

שמה

3 DANS L'INTIMITÉ, SYMBOLES ET SECRETS

J'ai rencontré la constance lorsque j'étais enfant. J'appartiens à un peuple qui dit, depuis deux mille ans, quoi qu'il soit, quoi qu'il fasse, où qu'il vive, tous les ans, dans sa prière de Pâque, « l'an prochain à Jérusalem ». J'ai été élevée dans la constance, celle du jour qui se lève, et celle de la nuit qui tombe, et celle, tout aussi inébranlable, de la paix du chabbath.

LE JOUR SACRÉ

Toutes les semaines, du vendredi soir au samedi soir, le chabbath recommence et la maison frémit à son approche. Alors tout s'arrête, tous s'arrêtent, car on n'a pas le droit de cuisiner, d'allumer la lumière, ni de travailler le jour du chabbath. Le jour du repos, dont vient le dimanche pour les chrétiens, est le jour saint, le jour supérieur du repos de l'âme. C'est un jour resplendissant de beauté où la famille se retrouve, enveloppée par la paix du chabbath, comme un manteau blanc. Les années passent, et le chabbath les suit, tel qu'il est, en son moment d'éternité, dans le temps hors du temps.

Avec ma fille, nous mettons nos mains sur nos yeux, et nous bénissons les lumières des deux bougies, symboles du chabbath qui vient. Nos bouches entonnent les paroles de louange dites et redites par les générations. Ce sont les pains tressés, sur la table, recouverte de la nappe blanche, qui sont disposés ainsi, tous les vendredis soir, et recouverts d'un napperon blanc. La prière s'élève, et je l'entends qui résonne – Viens mon fiancé accueillir la fiancée du chabbath. Au milieu de la table, les flammes de la bougie vacillent, elles projettent une lumière diffuse qui donne aux visages des reflets anguleux. Les yeux brillent sombrement. Les voix s'étirent, ferventes, profondes. Les corps s'élèvent, avec les âmes. Puis on dit la bénédiction sur le vin, et sur le pain, que l'on soulève ensemble, que l'on coupe, que l'on trempe dans le sel. L'on donne à chacun sa part.

Souvent, c'est le même menu, qui est le menu du jour sacré. Le vendredi soir pour nous les sépharades, c'est la soupe de légumes, le poisson en sauce, les boulettes de viandes, que les femmes préparent, l'art culinaire étant mis au service de leur dévotion. Le samedi midi, c'est la *dafina*, plat riche préparé la veille, avec du riz, du blé, des pois chiches, de la viande, des pommes de terre et des œufs, qui cuisent toute la nuit, car le chabbath est le jour de la lenteur.

Le samedi, la lumière se lève sur la synagogue. Enveloppé dans son châle de prière blanc aux fines rayures noires, mon père prie. Au moment de prononcer le Chema, tous recouvrent leurs yeux de leurs mains, et disent : « *Écoute Israël, l'Éternel notre Dieu, le Dieu Un.* » Puis mon père arrive près de l'armoire sainte, où se trouve la Torah, il ouvre le rideau de velours rouge, les portes et ainsi paraît-elle. Tous les fidèles s'inclinent : « Saint, saint, saint, trois fois saint est l'Éternel. » Alors il sort le rouleau de la Torah, et ses lèvres l'embrassent. Il le déroule et le porte haut, pour que tous puissent voir l'écriture sur le parchemin. Et les fidèles regardent, la tête haute. Les hommes mettent leurs châles de prière sur leur tête, et ensemble, ils entament l'air de la Torah. Enveloppés de leur tissu blanc, ils se balancent, d'arrière en avant, d'avant en arrière, comme des anges. Ils prient. leurs lèvres remuent lentement ou plus vite, leur corps en cadence, leur tête s'incline, leurs yeux se ferment, ils se concentrent.

Pourquoi faut-il que le chabbath se répète indéfiniment ? Pourquoi une fois ne suffit pas ? Parce que ce sont le temps et la répétition, et la persévérance, conditions de la constance, qui permettent d'accéder à la vie spirituelle. La constance, c'est le fait de persévérer dans son projet, vaille que vaille. Les hommes passent, le désir, lui, persiste. J'appartiens à un peuple qui, depuis deux mille ans, où qu'il soit, quoi qu'il fasse, dit, tous les ans, dans sa prière de pâque, « l'an prochain à Jérusalem ». Contre le jour qui se lève, contre la nuit qui tombe, l'homme bâtit son monde d'éternité sur la constance.

Le chabbath fait partie des Dix Paroles : « Garde le jour du chabbath », lit-on dans le quatrième commandement. C'est dire son importance. Nos rabbins du Talmud ne manquent pas de comparer les deux instructions que l'on trouve dans la Bible au sujet du chabbath : « Souviens-toi du jour du chabbath » et « Garde le jour du chabbath ». Pourquoi cette différence, et quelle nuance exprime-t-elle ? Le septième jour, l'homme se consacre à la relation à l'autre. L'autre n'est pas un objet mais un sujet qui construit le monde avec lui en toute liberté, qu'il lui faut respecter. En ce sens, le chabbath est fait pour

l'homme, mais aussi, l'homme est fait pour le chabbath car la relation à l'autre y est magnifiée, en oubli de l'objet et du monde. C'est le septième jour où l'on parle du *chalom*, de la paix véritable. Garder le chabbath, c'est s'abstenir de travailler. S'en souvenir, c'est proclamer sa sainteté. Ainsi dans la vie, le dire et l'agir doivent-ils être de concert pour construire un monde.

C'est pourquoi le chabbath est le point d'orgue, le moment le plus fort de la semaine. Un moment hors du temps, par le fait d'être coupé de son téléphone, de la lumière, de l'argent, de tout ce qui fait la vie quotidienne. Le sens du jour sacré n'est-il pas celui-ci ? Entrer dans un autre univers spatio-temporel, s'extraire de tout ce qui perturbe et pervertit la relation à l'autre pour se consacrer exclusivement à elle. L'essentiel. Dans son analyse du chabbath, Isaac Abravanel désigne le septième jour comme étant celui du monde des âmes, qui représente la récompense spirituelle, et qui fait que dans la loi juive, le chabbath équivaut à toutes les lois réunies. Dans ce sens, il est la raison même pour laquelle le monde a été créé. Sinon, pourquoi dit-on que le monde fut créé en six jours et non en une heure ? Et pourquoi y a-t-il six jours exactement, ni plus ni moins ? Selon Abravanel, les six jours de la création ont un sens allusif : ils témoignent du fait que le monde est appelé à durer six mille ans, un jour divin étant de mille ans, et qu'il y

BEGEL
1.90€ la pièce
PLETZEL
1.90€ la pièce
HALE MOYEN
3€20 la pièce

יהוה בהיכל קדשו

Dieu a créé le monde en dix paroles.

aura une interruption et un repos lors du septième millénaire, qui n'est pas si lointain : selon le décompte juif, nous sommes en 5777... Le chabbath évoque donc le monde spirituel du septième millénaire, ce monde-ci n'ayant été fait que pour acquérir le monde futur. En ce sens, ce jour sacré porte la marque du créateur, et nous rappelle que le monde et la terre ne s'appartiennent pas, mais qu'ils sont le fait d'une entité transcendante, céleste, incompréhensible mais interprétable, car Dieu a créé le monde en dix paroles.

Comme les bougies, les pains ou la coupe de vin du chabbath, beaucoup de symboles du judaïsme reflètent une mystique du temps et de l'espace. La mézouzah sur les linteaux des portes, la ménorah, les rouleaux de la Torah sont des signes qui nous invitent à arrêter le temps, et à définir notre espace sacré, celui que nous désirons consacrer à autre chose qu'à l'utile.

Dans la vie, je passe mon temps à courir après le temps. Les enfants, le travail, les mille nécessités du quotidien sont autant de pressions qui nous dévorent et font de notre existence une succession de moments sans repos, sans pause, sans soupir... Nous sommes entrés dans une nouvelle ère, depuis l'avènement des nouvelles technologies, où, sans cesse connectés au monde extérieur par le mail ou le téléphone portable, nous ne nous retrouvons jamais face à nous-mêmes, à ne rien faire, dans une chambre à soi, à penser, à prendre du recul, à faire en sorte que le temps s'arrête. Je suis en quête de ces instants. Ce sont des moments précieux, des moments

magiques. Ceux où j'oublie tout pour entrer dans une autre dimension, hors la création, ceux où je me retrouve en face des personnes que j'aime : ce sont des moments où le temps des horloges n'a plus de prise. Mais la sérénité de ces instants-là est rompue par la sonnerie du téléphone portable, qui nous oblige et rappelle un rendez-vous, quelque chose à faire, une date, une heure, un futur, proche ou lointain, tout ce qui nous indique que nous ne sommes pas maîtres du temps. Pour que le temps s'arrête, pour que l'espace de la grâce ne soit pas perturbé, il faut l'organiser. Se mettre hors du monde technologique, économique, social, professionnel, d'une façon radicale, couper les portables, les ordinateurs, se placer dans l'être même du temps, en son cœur, l'habiter totalement, sans être entre deux feux, deux appels, trois rendez-vous, un passé, un futur… Être dans le présent, pleinement : voici ce à quoi nous incite, nous oblige même le judaïsme.

Ma maison est un sanctuaire. Quand j'entre chez moi, en embrassant la mézouzah, je suis dans un espace sacré. Quand j'allume chaque soir la ménorah pendant la fête de Hanoukka, quand je bénis la coupe de vin le soir du chabbath, je consacre le temps et l'espace. Du vendredi soir au samedi soir, je ne suis pas « joignable », je suis entièrement à ce que je fais – lire, déjeuner en famille ou avec des amis, parler, être avec les gens que j'aime –, je ne fais rien, ni course ni cuisine (préparée la veille), ni rangement ni travail – et parfois, c'est dur d'interrompre l'écriture lorsque l'on est sous l'effet de l'inspiration : mais c'est nécessaire. On s'arrête, on marque une pause, j'entre dans un monde de sens, d'essence, j'entre au cœur du temps, ce n'est plus le temps qui rentre au cœur de ce que je suis… Et pendant un jour, tout se fige ; l'éternité commence.

L'EAU BÉNIE

Cette même rupture de l'espace-temps se vit dans le mikvé, bain rituel où il faut s'immerger. Ce bassin d'eau de pluie, non stagnante, ou alimenté de nappes souterraines est le lieu spirituel où se joue le renouvellement de la vie, c'est la raison pour laquelle il a inspiré le plus grand des sacrements chrétiens, le baptême. En vérité, c'est l'endroit le plus secret et le plus essentiel du judaïsme : selon les maîtres du Talmud, sa construction est plus importante même que celle d'une synagogue, et on lui donne la priorité dans le cas où il faut choisir.

Destiné en premier lieu aux femmes, il est en quelque sorte le temple dont elles sont les vestales, puisqu'elles doivent s'immerger juste après la période de la Niddah, où elles ont leurs menstruations.

On dit que l'intimité entre l'homme et la femme est le plus beau chef-d'œuvre, si elle est entourée de spiritualité. Le bassin rituel en est la préparation. Ainsi, à la fin de la période rituelle, plus sept jours, la femme doit se plonger dans le mikvé et se purifier avant de retrouver son mari. Car il est écrit dans la Genèse : « C'est pourquoi un homme quittera son père et sa mère et s'unira à sa femme, et ils deviendront une seule chair. » Mais cette union, pendant un certain temps, n'est pas permise, ce qui signifie qu'elle n'est pas acquise. L'homme et la femme, au bout de cette période d'abstinence, retrouvent l'ardeur des fiançailles. Comme le disaient nos maîtres, « ce qui nous est constamment accessible perd à nos yeux de son éclat ». Ils se séparent pour mieux se redécouvrir. À chaque cycle, ils deviennent des étrangers l'un à l'autre, et ils se rencontrent comme pour la première fois. Les hommes peuvent également s'immerger, pour ceux qui le veulent, avant le chabbath ou les fêtes, ainsi que les scribes qui recopient la Torah et qui doivent se purifier avant d'écrire.

Pour les femmes, il faut se rendre au mikvé juste avant le mariage. Ainsi il est possible de recommencer une histoire dans la sincérité,

Ce qui nous est constamment accessible perd à nos yeux de son éclat.

quelle que soit la vie que l'on a menée avant, quels que soient les fautes et les manquements que l'on ait eus, car l'eau qui vient renouvelle le corps et l'esprit. Il n'y a pas de déterminisme dans le judaïsme, pas de péché originel, ni pour l'humanité ni pour l'homme.

ET JÉRUSALEM RESTE

Cette façon de sanctuariser le quotidien, est née de la Bible, et du Temple. Dans le cœur du secret des symboles, se trouve le temple de Jérusalem. Depuis sa destruction en 70, chaque maison, chaque maison de prière, chaque homme juif devient un temple vivant et porte ainsi en lui la Jérusalem céleste. Toujours quand on se rend à Jérusalem on s'élève, et quand on la quitte, on descend.

À une époque de ma vie, j'ai été tellement saisie que je ne pouvais plus partir. Je connais chaque quartier, et dans chacun j'ai un souvenir. Dans la vieille ville, au mur, lorsque j'y allai pour la première fois alors que j'étais adolescente et que je travaillais dans un kibboutz. Dans le quartier de German Colony, au café Kaffit, où étudiante, j'avais mes habitudes. À Rehavia où j'ai vécu, à Katamon où se trouvait la synagogue aux chants envoûtants, à l'université où j'allais travailler.

J'y habitais une petite maison avec un citronnier, à Yemin Moche, dans une rue au bout de laquelle

se trouvait une synagogue bleue, avec une vue sur toute la colline, un petit bijou, un trésor caché.
Pourquoi cette ville est-elle si attachante ? Comme une personne, qu'on a l'impression de retrouver et d'étreindre. Quel est ce charme si singulier, sans doute unique au monde, qui fait qu'il est impossible d'y faire du tourisme, ou de s'y inscrire comme un simple visiteur ? Quelle grâce, quel envoûtement exerce-t-elle ? Et à chaque fois des choses particulières s'y déroulent et les paroles dites ont toujours du sens, tout comme les rencontres qui deviennent messianiques. Dans mon dernier voyage, j'ai rencontré un pianiste et deux rabbins. Le pianiste m'a donné son livre, où il exprime à travers son chemin que la musique est l'unification de l'âme et du corps, un accès à la transcendance. Les rabbins ont parlé de noces, le premier d'une jeune femme mariée à un Américain par un entremetteur, le second de couples âgés qui n'étaient pas religieux et qui désiraient faire une cérémonie pour consacrer leur union. Moi aussi, un matin de mai, je m'y suis mariée. Le mariage n'est plus, mais Jérusalem reste.
Comme le dit l'écrivain du Comtat Venaissin, Armand Lunel, dans son roman *Nicolo-Peccavi*, « le signe juif ne se prescrit jamais ». Toujours par le symbole juif, je pense à une forme d'éternité, comme un voyage dans le temps et l'espace, comme si j'étais arrivée à la Jérusalem céleste. Que je pose mes bagages de juive errante. Que je monte dans ses collines, que je remonte le temps, le temps où le temple de Salomon était là et où de son pinacle, un prêtre annonçait la venue du chabbath d'une sonnerie de *choffar*. Sous le dôme du Rocher, au sud-est, où Abraham fit le sacrifice de son sacrifice, se trouve une grotte, dans laquelle étaient conservées les cendres de la vache rousse, cendres sacrées utilisées pour l'eau lustrale.

CASSEURS D'IDOLES

Le Temple était d'une beauté sans égal. Sa magnificence, sa grandeur, ses colonnes, ses piliers, ses marches et ses portes d'olivier, ses murs éblouissaient ceux qui l'approchaient, depuis le temps de Salomon qui fit construire le premier Temple, réparé sous Joas, restauré sous Josias, détruit par Nabuchodonosor, reconstruit sous Hérode, agrandi et embelli, jusqu'aux temps de la guerre juive contre les Romains, jusqu'au moment où Jésus chassa les marchands de son parvis, avant que le Temple ne fût incendié et pillé en 70, lors de la première révolte juive.

Tout était fait de nobles pierres, de dorure et de bronze, de marbre et d'or. Le Temple resplendissait, jusqu'à l'aube, par sa pierre crayeuse, polie par la lune, lustrée par le soleil, par ses portes monumentales de bronze et d'airain, et par ses lourds piliers qui jaillissaient du sol pour s'élever vers le Très-Haut.

Devant les colonnes, se trouvait l'autel des Holocaustes, sur lequel était le grand socle, et le petit socle, où il y avait le foyer. Et derrière les colonnes vers l'ouest, les salles du Temple, lambrissées de cèdre, recouvertes d'or, abritaient en leur cœur le Saint des saints, avec ses chérubins : deux grandes statues dorées qui gardaient l'arche d'alliance où étaient les Tables de la Loi, le bâton d'Aaron et la manne du désert. Tous ces objets ont la faculté magique de nous faire passer du visible à l'invisible. Autrement dit, c'est grâce au Temple, et plus précisément au Saint des saints, cette pièce taboue, que se jouait la rencontre avec Dieu. À l'instant suprême, le grand prêtre prononçait le nom ineffable que seul lui savait dire. Les prêtres et le peuple qui étaient debout dans le parvis du sanctuaire, en entendant de la bouche du pontife le nom divin, s'agenouillaient et se prosternaient la face contre terre.

נעם
דרכי נעם
וכל נתיבתיה

Dans cette pièce qui était le cœur du Temple, et donc le but ultime de la vie juive, dans cet endroit qui contenait le Secret des secrets, il n'y avait rien.

Mais qu'y avait-il dans le Saint des Saints, là où il est dit qu'il pouvait mourir, car Dieu lui-même s'y manifestait ? Dans cette pièce qui était le cœur du Temple, et donc le but ultime de la vie juive, dans cet endroit qui contenait le Secret des secrets, il n'y avait rien. Elle était vide !
Depuis Abraham, les juifs sont des casseurs d'idoles. Du Temple, il ne reste qu'un mur, qui n'était pas un mur du Temple mais celui de l'enceinte qui l'entourait, et qui a été construite par le roi bâtisseur Hérode. À chaque fois que j'y vais, il me semble immense. Blanc, dans la pierre de Jérusalem, il rappelle l'existence du Temple, dont certains pensent qu'il était à l'emplacement de la mosquée Al-Aqsa, ainsi il n'est pas possible de le rebâtir. Est-ce souhaitable ?

Et en remontant le temps, j'imagine le Temple dans les flammes, pillé, et des milliers d'hommes, de femmes et d'enfants qui cherchaient à échapper aux Romains. Toutes les roches sculptées, les terrassements et les terres, noircis par la fumée. Le pinacle tombe, le roc lui-même s'effondre. L'esplanade, surplombant la vallée du Cédron, face au mont des Oliviers, est un gigantesque autel où brûle le feu. Les hauts portiques, de pierre lourde, s'écroulent, et avec eux les murailles soutenues par les colonnes. Mais non loin de là, dans le désert de Judée, les textes sont sauvés, miraculeusement cachés dans des jarres. Ils ne seront retrouvés qu'en 1948, au moment même de la création de l'État d'Israël. C'était là que les Esséniens les avaient cachés, pour les sauver du désastre.
Deux mille ans plus tard, en 1967, après un mois de menaces militaires de l'Égypte et de la Syrie, Israël effectua une attaque contre l'Égypte. Le jour d'après, des combats sporadiques éclatèrent sur la frontière entre Israël et la Jordanie.

כתר תורה

Jusqu'au moment où eut lieu la bataille pour Jérusalem. Au cœur de l'enjeu stratégique de cette bataille, il y avait le mur occidental, seul vestige du Temple. Le 7 juin, à la fin de la matinée, un détachement de parachutistes israéliens avança vers le mur de la vieille ville, et après un échange de coups de feu avec les troupes jordaniennes, finit par accéder au mur où les soldats mouillèrent la pierre de leurs larmes, la pierre antique.
Aujourd'hui la tradition veut que l'on mette des petits papiers dans ses interstices où sont inscrits des désirs qui seraient exaucés. Les siècles ont passé mais il est toujours là, symbole de la présence et de la résistance juive, en même temps que du judaïsme. Chaque table, chaque maison, chaque ménorah, chaque lumière sont autant d'objets du Temple que nous avons transporté dans notre maison, au cœur de notre vie et notre intimité, au cœur de notre cœur, faisant de chaque table un autel, et de chaque demeure la Demeure où réside la présence divine. Nous y lisons aussi les mêmes textes que ceux retrouvés dans les grottes de Qumran, près de la mer Morte, qui abritaient entre autres, les paroles d'Isaïe :
« Un rameau sortira de la souche de Jessé, père de David, un rejeton jaillira de ses racines. Sur lui reposera l'esprit du Seigneur : esprit de sagesse et de discernement, esprit de conseil et de force, esprit de connaissance et de crainte du Seigneur qui lui inspirera la crainte du Seigneur. Il ne jugera pas d'après les apparences, il ne tranchera pas d'après ce qu'il entend dire. Il jugera les petits avec justice, il tranchera avec droiture en faveur des pauvres du pays. Comme un bâton, sa parole frappera le pays, le souffle de ses lèvres fera mourir le méchant. Justice est la ceinture de ses hanches ; fidélité, le baudrier de ses reins. [...] Ce jour-là, la racine de Jessé, père de David, sera dressée comme un étendard pour les peuples, les nations la chercheront, et la gloire sera sa demeure. »

« Le soleil se lève, le soleil se couche »

VANITÉS

Messages d'espoir au milieu d'un monde en fureur, les paroles des prophètes me touchent comme les images poétiques, et disent toujours l'essentiel, avec des mots puissants. Mais mon texte préféré, c'est Qohélet, l'Ecclésiaste. Je suis sensible à sa musique, sa phrase, ses anaphores, ses emphases poétiques. C'est une odyssée de la conscience, une exploration sans concession de la vie humaine, une méditation métaphysique d'une profondeur et d'une modernité inouïe. Ce texte dit tout : tout ce qu'on n'ose pas dire, ce qu'on n'ose pas affronter, il nous met face à face à notre réalité existentielle, d'une façon brutale. C'est un texte à méditer, sans relâche, tant il est vrai. Ses phrases me hantent. « Une génération s'en va, une génération lui succède », « Le soleil se lève, le soleil se couche », « Tout est difficile à expliquer », « Rien de nouveau sous le soleil », « Il y a un temps pour tout ». C'est la conclusion, d'un homme qui a tout vu, qui a tout eu, et qui nous livre sa sagesse. Sagesse, dans le sens de philosophie, de pensée, de réflexion et aussi dans le sens de distance par rapport aux choses. Il nous enseigne la vie, mais aussi il nous indique la façon dont nous pouvons faire face. La façon dont il faut vivre : en profiter, ici et maintenant. « Mieux vaut une poignée de bonheur calme que les mains pleines de labeur et de vains soucis. » Il nous montre la direction : au lieu de perdre sa vie à la gagner, il faut tenter d'en jouir en lui donnant sens et valeur.

C'est aussi une réflexion sur la mort, le temps qui passe, les relations humaines, le mal. Le désespoir est si radical que même Cioran paraît fade à côté de la radicalité de ce texte. Religieux ? Il n'y a rien à attendre des hommes, il n'y a rien après la mort. J'aime aussi cette lucidité qui confine au cynisme et laisse l'homme exsangue, nu : cependant, du fond du désespoir, surgit une petite étincelle de bonheur, qui n'est pas dans l'amour, ni le travail, ni la prière, mais juste, la conscience de la vanité de l'existence. Qui est le départ de tout.

A LA MEMOIRE
DE NOTRE TRES CHER
EPOUX, PERE GRAND-PERE
LOUIS UHRY
1903 - 1980
VICE - PRESIDENT
DE LA SYNAGOGUE
DE LA VICTOIRE

TV·AIMERAS·LE

TON·DIEV·DE·TOVT·TON·CŒVR

4

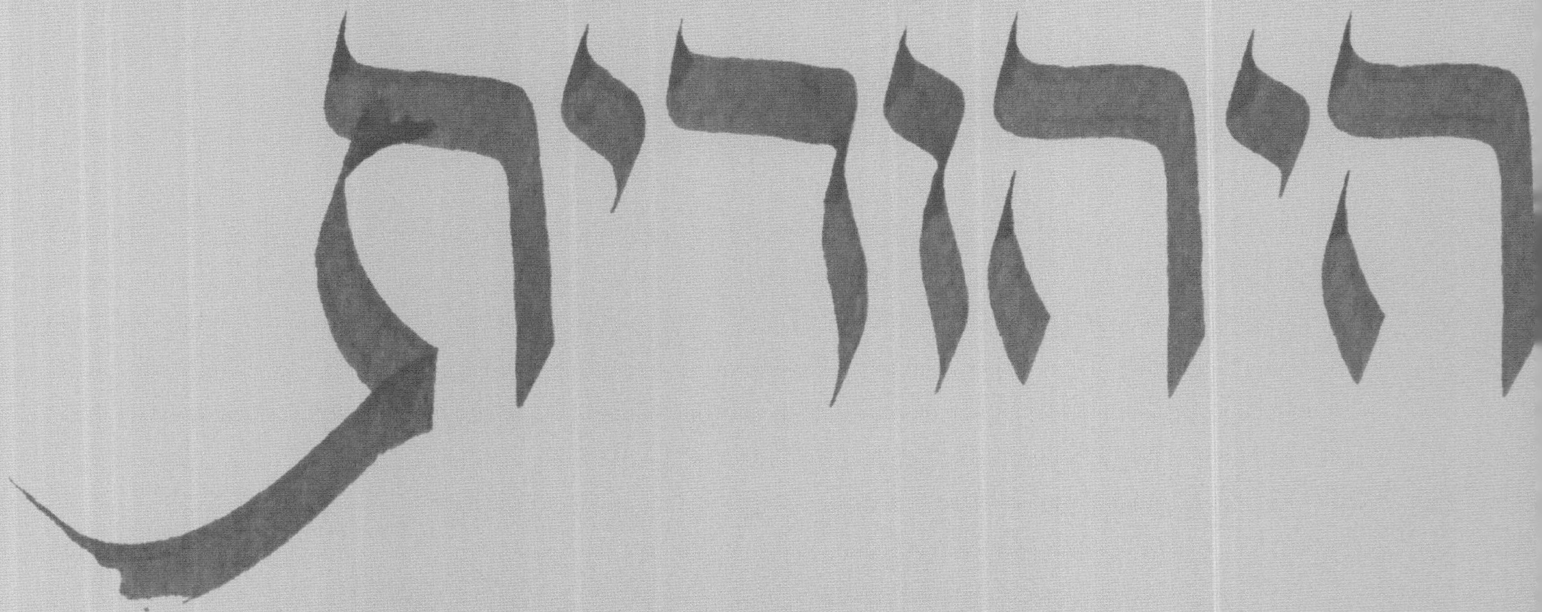

לשמה

4 L'ÉTERNITÉ ET LE TEMPS

L'année juive est ponctuée de fêtes : de Roch Hachana à Chavouth. Elle se termine par le 9 Av qui n'est pas une fête mais une triste commémoration de la Destruction du Temple en 70 de l'ère courante et des malheurs subis par le peuple juif. Un jeûne de 24 heures y est observé rigoureusement.

Chaque fête apporte son sens et sa lumière particulière, dans la famille et la communauté. Cet éternel recommencement est un éternel renouveau. Comme le dit Saint-Exupéry, le rituel nous fait rompre avec le quotidien. Un rite, « c'est ce qui fait qu'un jour est différent des autres jours, une heure, des autres heures ». Soudain, au beau milieu de la vie, il y a cette idée folle que l'on va tout mettre de côté, le travail, les nécessités et les impératifs, et même les vacances, pour se consacrer à la fête. La fête, c'est quelque chose de sérieux. Rien ne passe avant elle. Elle est plus importante que tout.

Que de discussions avec ma mère, concernant le menu des fêtes. Dans la tradition sépharade, chaque fête est associée à un repas. À Kippour, on tresse le pain aux amandes, à l'huile et au safran, on prépare un poulet aux olives et aux aubergines, et, pour la sortie du jeûne, les gâteaux, avec le café aux jaunes d'œufs battus avec du sucre, le tagine cuit avec des pommes de terre, et le poulet farci aux amandes. Pourim est la fête des gâteaux, chacune fait de son mieux pour réussir le plus beau plateau et l'envoyer à ses voisins comme offrande sans oublier les pauvres. La veille de Pessah, lorsqu'on ne peut manger ni pain ni pain azyme et que la maison est déjà prête, ce sont les pommes de terre bouillies avec les œufs durs et, le soir, un festin : la soupe de légumes aux fèves fraîches, et à la coriandre, le poisson farci, les boulettes ou le poulet aux petits oignons, les pastellas di batata, beignets de pommes de terre farcis à la viande, ou l'épaule d'agneau aux terfass – les truffes blanches –, les petits artichauts piquants, l'agneau avec des galettes trempées dans le jus. À Chavouoth, c'est le traditionnel gâteau au fromage blanc. À Roch Hachana et à Souccoth, c'est le couscous, sucré-salé selon la recette ancestrale des Mogadoriens.

La Torah nous enseigne, à travers la création du monde, que le monde est création.

LE PREMIER JOUR

À Roch Hachana, première fête de l'année, les sépharades accomplissent la coutume du *seder* : la bénédiction de certains fruits et légumes choisis avec soin et avec sens.

Mes parents ont la particularité de séparer les fruits et les légumes. Les légumes, le premier soir. Les fruits, le deuxième soir. Ainsi le déroulé du *seder* (qui signifie « ordre ») est-il encore plus respecté. Mais aussi, il s'agit de commencer l'année en beauté, c'est-à-dire en douceur. Chaque année, nous bénissons la pomme et le miel pour que l'année nous soit favorable, puis vient la procession des fruits et des légumes. Ma mère a préparé les courgettes, les blettes, les potirons, les poireaux, les choux, les coings et les carottes dans un grand plat en verre. Le deuxième soir, ce sont les fruits en guise de dessert : les figues, les dattes, les graines de sésame, mélangées à l'anis et au sucre, les grenades, les jujubes... Mon père dit les prières et nous les mangeons un à un, en pensant à ce qu'ils nous racontent. Chaque fruit, chaque légume contient un message : mon père sait le décrypter comme Salomon qui dialoguait avec les oiseaux. Il n'a pas son égal pour expliquer les signes et les symboles, il est le maître du sens, dont il dit pourtant qu'il nous échappe toujours, comme les graines innombrables du sésame.

Le monde est une forêt de symboles : la nature nous livre ses secrets à travers ses légumes et ses fruits. La Torah nous enseigne, à travers la création du monde, que le monde est création. Les blettes nous annoncent que nos ennemis seront évincés, les poireaux nous murmurent qu'ils seront abattus, les graines de sésames affirment que nos mérites seront multipliés, la grenade nous révèle que nos actions justes seront nombreuses. Et lorsque je les mange, je sais qu'ils continuent de parler, à travers moi, et que l'année sera bonne comme le miel qui revêt la pomme d'un voile de bonté.

פטום הקטורת

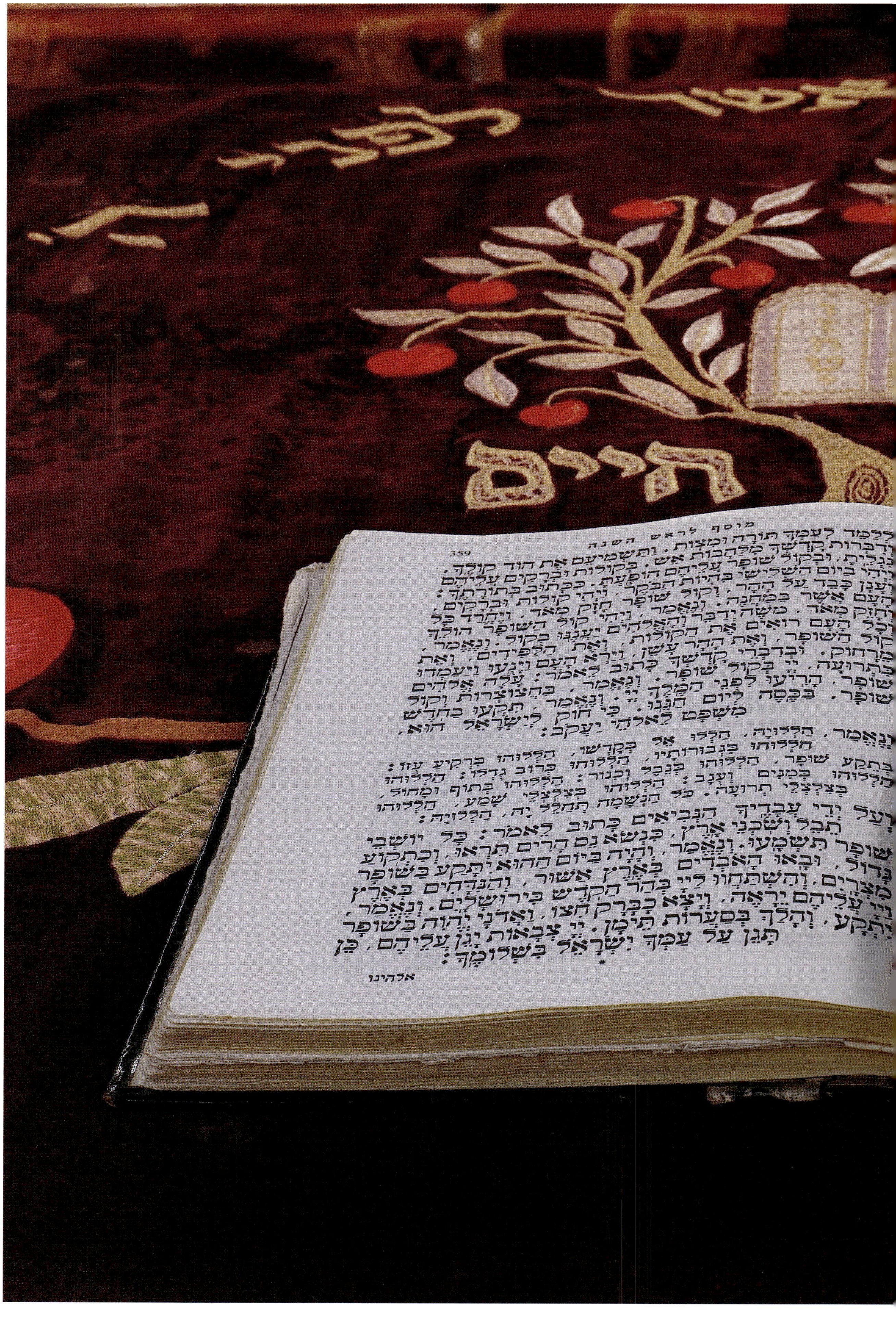
חיים
מוסף לראש השנה
359
אלהינו

מוסף לראש השנה

LE GRAND PARDON

Dix jours plus tard, survient le Yom Kippour, le grand pardon. Le moment solennel où l'on jeûne, où l'on réfléchit, où l'on fait le point, par une introspection intense, rendue fervente par le jeûne, depuis la veille, avant la tombée de la nuit, jusqu'au lendemain, à la fin du jour.

J'aime l'effervescence de la veille du jeûne, la préparation des repas, d'avant et après, des beaux habits et des chaussures en toile, car il faut éloigner de soi toute idée de violence, présente même par le cuir des chaussures. Et la veille, après le dernier repas, on se hâte vers la synagogue pour entendre la prière du Kol Nidré, par laquelle on efface tous les vœux, les souhaits, les engagements pris dans l'année, et ainsi l'on repart sur une page vierge.

On pardonne, on se pardonne : je me souviens d'un discours de mon père à la synagogue, juste avant le moment de la délivrance, qui disait qu'à Kippour on ne se débarrasse pas de ses péchés, mais de sa culpabilité. Et l'on répète, à trois reprises : « Que tous les vœux, les interdits personnels et collectifs, les serments et choses équivalentes que nous aurions formulés et contractés, toutes les promesses et tous les engagements que nous aurions faits et pris devant Dieu, depuis Yom Kippour passé, et jusqu'à ce Yom Kippour, nous les rétractons ci-devant, qu'ils soient nuls et non avenus, puisque nous ne sommes pas assurés de les tenir. Nos vœux ne sont plus des vœux, nos engagements ne sont plus des engagements, nos serments ne sont plus des serments. »

Le lendemain est consacré entièrement à la prière et à l'introspection, que j'appréhende toujours de voir arriver, car je sais que ce moment ne sera pas facile. Certaines années sont plus dures que d'autres, le jeûne plus difficile, le bilan parfois plus lourd et le pardon semble presque impossible. C'est l'angoisse de Kippour. Le sort est scellé, le décret est tombé. Les erreurs que l'on commet dans la vie, on les paye cher. Alors Kippour nous donne une chance de changer

notre destin. À la sortie de Kippour, la Néhila (la clôture), les hommes haussent leur châle blanc sur leurs têtes, après avoir évoqué le sacrifice d'Isaac, alors je repense à la culpabilité, et je me dis qu'en effet, tout l'enjeu de Kippour, c'est de faire le sacrifice de son sacrifice, comme Abraham lorsqu'il renonça à immoler son fils. Nous devons en effet, par l'abolition de la culpabilité, nous permettre de vivre avec ceux que nous aimons, sans nous sacrifier pour eux, sans les sacrifier, sans se départir de la part de soi à laquelle nous tenons le plus, car notre Dieu ne nous a pas demandé cela. N'est-il pas écrit : « Vous vivrez par mes lois » ?

LA FÊTE DES CABANES

Moins d'une semaine après Kippour, c'est la fête de Souccoth, qui est l'une de mes fêtes préférées, moi qui suis une nomade dans l'âme. Il s'agit, dans un geste subversif, de se décentrer, de se désembourgeoiser et de vivre pendant une semaine dans une cabane simple et modeste que l'on construit sur son balcon, ou dans sa cour lorsqu'on en a, sans clou, juste avec de la ficelle que l'on noue autour des tiges de bambou ou de bois. Après Kippour, on nous demande de retrouver la précarité des Hébreux dans le désert, lorsqu'ils s'enfuirent d'Égypte et qu'ils vivaient de la manne, tombée du ciel. Chaque année, lorsque je mange dans la *soucca*, je me décentre de mes habitudes de sédentaire, de la monotonie de l'existence, je m'ouvre sur le monde. Même dans la ville, on est sous les étoiles puisqu'il faut voir le ciel à travers les interstices des branchages. Et l'on évoque la vie de nos ancêtres. C'est toute la différence entre l'histoire et la mémoire, comme l'a montré Yosef Hayim Yerushalmi, dans

son livre *Zakhor*, qui signifie en hébreu : « Souviens-toi » ! Plus que l'histoire, qui est un simple récit et rappel des événements survenus dans le passé, le judaïsme cultive la mémoire, c'est-à-dire l'actualisation et la perpétration du souvenir par l'acte, la prière et la situation. Ce n'est pas un hasard si l'injonction « souviens-toi » est si présente dans la Bible. Se souvenir, et revivre : le judaïsme ne s'intéresse pas tant à l'historiographie qu'au passé réactualisé grâce à son évocation festive, et cette fusion qu'elle opère, cette alchimie entre la mémoire collective et la mémoire individuelle.

Sur la trace de mes ancêtres les Hébreux, en couches archéologiques mémorielles, j'ai le souvenir de toutes les années passées dans la *soucca*. L'enfance, avec ma famille, dans la petite *soucca* construite sur le balcon penché de notre appartement au quatrième étage sans ascenseur, à Strasbourg. Les Souccoth des synagogues où je me rendais, lorsque étudiante, je n'avais ni maison ni balcon. La *soucca* que j'ai construite, où j'étais seule avec les enfants, mariée ou divorcée. Il y a eu des Souccoth tristes, et des Souccoth à pleurer de rire. Des Souccoth avec des bébés, et des Souccoth avec des adolescents, et aussi les grands-parents, qui sont notre joie et notre sagesse. Et celle que je fais chaque année sur un balcon plus grand et où j'invite ma famille et mes amis. La fête se termine dans la joie de Simhat Torah, où petits et grands dansent avec la Torah.

LA FÊTE DES LUMIÈRES

Quelques mois plus tard, c'est Hanoukka qui est la fête la plus guerrière. Nous nous souvenons que deux mille deux cents ans auparavant, la terre d'Israël était dominée par le peuple des Séleucides, et Antiochus III, roi de Syrie, qui régna de 3538 à 3574 (222-186 avant l'ère commune). À la mort d'Antiochus, son fils Seleucus IV puis son frère Antiochus IV opprima les juifs. On appelait ce dernier « Épiphane », ce qui signifie « aimé par les dieux », mais les juifs

l'appelaient Épimane, « le fou ». Il fit abolir les lois juives, démit le grand prêtre Yo'hanane de ses fonctions dans le temple de Jérusalem et installa à sa place son frère Yehochouah, un helléniste qui voulait répandre les coutumes grecques chez les juifs. Ses soldats massacrèrent ceux qui n'étaient pas d'accord avec lui. Il émit une série de décrets selon lesquels la pratique de la religion était interdite, les rouleaux de la Torah devaient être brûlés, le chabbath, la circoncision et les lois alimentaires interdits sous peine de mort. Il contraignait les juifs à manger du porc. Ceux qui refusaient étaient torturés, et tués. Ce fut le temps des martyrs, des massacres, et de la barbarie humaine, jusqu'au moment où, dans le village de Modiine, un vieux prêtre, Matityahou, et ses fils se révoltèrent contre les officiers et les soldats syriens, soulevèrent une armée, depuis les collines de Judée. On les appela les « Maccabées », selon les initiales *Mi Kamokha Baélim Hachem* : « Qui est comme Toi parmi les puissants, ô Dieu. »
Antiochus envoya une armée de plus de 40 000 hommes mais les Maccabées, aidés de la population, vainquirent et libérèrent Jérusalem et le Temple, le 25 kislev de l'année 3622. Par un miracle, une petite cruche d'huile d'olive pure, qui y fut allumée, dura huit jours, et c'est pourquoi nous allumons les bougies, chaque soir, pour se souvenir de cette révolte.
Hanoukka, fête joyeuse au milieu de l'hiver, survient au même moment que Noël, qui célèbre la naissance de Jésus, l'espoir pour tous d'un libérateur, en temps de détresse. Jésus, le juif, préconisa l'amour car il est écrit « tu aimeras ton prochain comme toi-même ». Judah Maccabée, le juif, prôna la guerre car il est aussi écrit : « réveille-toi plus tôt pour tuer celui qui vient te tuer. »

Esther, c'est la femme juive, dans toute sa splendeur.

LA FÊTE DES ARBRES

À la fin du mois de janvier, survient la fête de Tou Bichevat (quinze du mois de Chevat), qui célèbre le renouveau de la nature, les arbres, les fruits. Il faut simplement manger quinze fruits différents. Fête, encore, simple, gaie, fête des sens et d'essence, naturelle, qui célèbre la nature et qui rappelle le renouveau des saisons, sans lequel l'homme ne peut survivre ; qui nous enseigne que nous devons prendre soin de notre terre si nous voulons manger, et survivre. Tou Bichevat est la fête la plus écologique et la plus universelle, elle s'adresse à tous et son message est éternel. On a l'habitude de planter un arbre pour aider au renouveau de la nature.

LA REINE JUIVE

J'aime particulièrement la fête de Pourim, car c'est une fête de femmes. Elle rappelle le moment où la reine Esther a sauvé son peuple de l'extermination, en cachant son identité.
Esther, c'est la femme juive, dans toute sa splendeur : qui agit dans les coulisses, mais tient les clefs du royaume dans ses mains, par l'amour qu'elle portait à son peuple et par celui que lui portait son roi. Femme forte et effacée, femme de pouvoir et femme de l'ombre, Esther a sauvé son peuple de la mort à laquelle le destinait Aman, le méchant ministre du roi.
Cela se passe en Perse, au Ve siècle avant l'ère courante, lorsque le roi Assuérus avait répudié sa femme Vasthi qui ne voulait pas se montrer de manière impudique devant la cour comme il le lui avait demandé. Il a alors cherché une épouse dans tout le royaume, choisissant les plus belles filles, qui se préparèrent pendant un an pour séduire le roi, et ce fut la jeune Esther qui fut élue parmi toutes, grâce à sa beauté.

Dieu lui-même s'est caché.

Esther avait un oncle, Mardochée, qui la conseillait. Mardochée avait l'intuition que sa place et son destin de reine pourraient être utiles à son peuple, c'est la raison pour laquelle il lui avait conseillé de ne pas dire qu'elle était juive. Aman, le ministre et conseiller du roi, qui haïssait les juifs, convainquit Assuérus de les tuer, scellant leur sort d'un coup de dés, qui fixa la date fatidique où l'extermination aurait lieu. Et ce fut là qu'Esther accomplit un acte héroïque, au péril de sa vie. En effet, personne n'avait le droit de se montrer au roi sans être convoqué par lui, et quiconque bravait cet interdit était passible de la peine de mort. Or Esther se présenta devant Assuérus, qui lui tendit son sceptre, lui assurant par là qu'elle aurait la vie sauve. Elle l'invita à un festin en compagnie d'Aman, au cours duquel elle révéla au roi ses funestes desseins : cet homme voulait sa mort et celle de son peuple ! Ce fut alors qu'elle lui avoua qu'elle était juive, et qu'elle était menacée d'être exterminée comme l'avait décrété le conseiller du roi. Par amour pour Esther, celui-ci prit son parti et, au lieu de tuer les juifs du royaume, il fit pendre Aman, sa femme et ses fils, ainsi que tous ceux qui leur voulaient du mal.

Cette histoire, qui se déroule pendant l'exil, est l'histoire fondatrice du peuple juif qui, après la période hébraïque, se retrouve confronté à l'antisémitisme, dont les arguments perdurent, hélas, jusqu'à aujourd'hui, dans une triste actualité : les juifs sont les ennemis du genre humain, il faut les tuer. Face à cela se pose tout le problème de l'affirmation de son identité juive, qui peut être dangereuse, voire mortelle.

Le livre d'Esther (nom qui veut dire « caché ») est le seul écrit où n'apparaît pas le nom de Dieu : Dieu lui-même s'est caché, mis en retrait. Et c'est pourquoi on dit que le judaïsme commence par ce livre : le judaïsme comme affirmation de la réalisation individuelle et personnelle de l'Universel, fondée sur la relation à la transcendance, sous forme d'absence. Esther incarne l'âme juive, entre force et fragilité,

affirmation et retrait, intégration et identité. Elle ira jusqu'à mettre sa vie en péril par fidélité à son peuple et à sa culture. Elle sacrifie son destin individuel pour la survie de son peuple. Elle tire les ficelles du royaume derrière ses fourneaux et c'est en organisant un repas qu'elle parvient à orchestrer des manœuvres politiques de haute volée. Son charme opère par un festin.

Délicate, en retrait, soumise, timide, elle n'a pas d'ambition personnelle si ce n'est celle de perpétuer la tradition, ou de la faire survivre à travers elle, et grâce à elle. Et toute l'histoire d'Esther est la quête de sa véritable identité. Devenue reine, elle n'a jamais oublié son peuple ; cependant, révéler qui elle était, au moment même où l'on pourchassait les juifs, aurait pu lui coûter la vie. Il fallut que son oncle Mardochée lui parlât et lui rappelât sa responsabilité pour qu'elle acceptât de défendre son peuple. Dans une phrase célèbre, il lui dit que ce n'était pas en restant cachée qu'elle se sauverait, car juive elle était, et juive elle resterait. Esther est la reine du peuple juif, menacé, entre la vie et la mort, entre la fierté d'appartenir à ce peuple et la honte, entre l'assimilation et la fidélité.

À Pourim, il faut jeûner comme jeûna Esther avant de se présenter au roi. Et à la fin de la journée, il faut se déguiser et s'enivrer. Encore une fête qui renverse tout, qui conteste et qui sort du quotidien pour le questionner.

השמים

ויאמר מה־נורא המקום הזה אין זה כי
בית אלהים וזה שער השמים

« Quels sont les témoignages, les lois et les préceptes que l'Éternel notre Dieu vous a prescrits ? »

LA FÊTE DE LA TRANSMISSION

Pessah est la fête par excellence, en un sens, c'est la plus importante. D'abord par sa préparation qui nécessite de faire le vide complet chez soi, car il faut tout nettoyer pour chasser ce que l'on appelle le « *hametz* ». En effet, les Hébreux, lorsqu'ils ont fui l'Égypte, n'ont pas eu le temps de faire lever la pâte, car ils se sont échappés dans la précipitation, c'est pourquoi ils ont emporté des galettes plates, que l'on mange aujourd'hui en souvenir, et qui s'appellent la *matsa*. Le *hametz*, c'est le pain, bien sûr. Mais c'est aussi tout ce qui fermente. La rancœur, les non-dits, l'accumulation des griefs, les chaînes que l'on s'impose, sans pouvoir se libérer, bref tout ce que l'on met de côté, en se disant : on verra plus tard. Pessah c'est la plus subversive des fêtes, c'est la fête de la Liberté.

À chaque Pessah de ma vie, j'ai fait Pessah dans ma vie. J'ai rompu avec ceux qui me retenaient en esclavage, je me suis libérée de mes chaînes, de la prison qu'était devenue ma vie, je me suis affranchie en tant que femme et qu'être humain, lorsque c'était nécessaire, lorsque la vie n'était plus possible.

Le soir du *seder* de Pessah est l'un des plus beaux soirs de fête. La table est somptueuse et on lit les passages de la Hagadah, qui relate les discussions rabbiniques, on en commente le récit, en posant des questions qu'on actualise sur l'esclavage et la libération, on étudie et on mange. J'ai pu le vérifier : le *seder* à la table de mon père est unique au monde. Ma mère a disposé des fleurs, autour de la plus belle vaisselle, elle peut aussi répondre à toutes les questions. Comme l'explique mon père, à la table de *seder*, c'est le soir où la Torah en appelle au père afin qu'il réponde à son fils concernant cet événement du passé, la sortie d'Égypte, qui ne prend son sens que s'il est transmis, du père à ses enfants, de génération en génération.

Recevoir et donner : les deux actes fondamentaux qui permettent à l'enfant de devenir parent à son tour et de s'inscrire dans l'histoire qui a

commencé avec Abraham et qui finit avec les temps messianiques. En attendant, il est impératif de transmettre, selon l'injonction biblique. Et les quatre fils que nous fait découvrir la Hagadah représentent les quatre dimensions de la transmission. Le premier, le sage, qui énonce la question : « Quels sont les témoignages, les lois et les préceptes que l'Éternel notre Dieu vous a prescrits ? » se situe à l'intérieur de la tradition ; alors que le deuxième, le renégat, qui demande : « Quelles sont ces lois que vous observez ? », se dissocie de la communauté, se définit contre, en dehors du peuple qui est pourtant le sien. Le troisième, le « simple », dit seulement : « Qu'est ceci ? », question réduite à sa plus simple expression, il n'a même pas les outils pour en poser une plus intéressante. Enfin, vient le dernier, le quatrième, « celui qui ne sait pas poser la question ». Celui-ci est vraiment en dehors de la chaîne de la transmission, bien plus que le méchant qui questionne le texte, puisqu'il ignore qu'il ne sait pas. Le pire des quatre fils n'est donc pas le renégat, qui s'intéresse aux choses du passé, même sur un mode négatif. Du moins cherche-t-il encore. Le plus triste, je crois, c'est le fils qui ne sait pas poser la question, parce qu'il a oublié qu'il y a une question à poser.

J'ai peur, aujourd'hui, d'une génération à qui l'on propose mais qui ne cherche plus, sinon à éviter de chercher, à s'absenter des fêtes de famille, non pas à s'émanciper – ce qui serait une action – mais qui ne s'intéresse à rien.

J'ai peur que trente-cinq siècles de culture s'éteignent soudain, en une génération, dont l'esprit est capté par la technologie. Et que la modernité, qui nous apporte tant de bienfaits, mette fin à la mémoire, au : « Souviens-toi ! »

Cette technologie accomplit la révolution silencieuse de nous couper de nos racines.

Et j'ai peur aussi, face à ce désastre humain, de la réaction fanatique qui rassure les identités vacillantes de la modernité. Les gens meurent de ne pas savoir qui ils sont et d'où ils viennent.

Pessah, fête de la Transmission, est en train de devenir la fête de ceux qui ne savent pas poser la question. C'était peut-être ce qui rend la fête de Pessah si importante à mes yeux.

LES DIX COMMANDEMENTS

Pessah nous emmène vers la dernière grande fête de l'année, Chavouoth, la Pentecôte juive, qui célèbre la réception de la Torah au mont Sinaï.

Elle vient quarante-neuf jours après Pessah, sept fois une semaine pour caractériser le rythme qui conduit les six jours de la semaine au chabbat libérateur ; de même Chavouoth libère spirituellement le peuple par la réception des Tables de la Loi, après sa libération physique et politique d'Égypte. Cette fête est le point culminant de l'histoire juive où le prophète Moïse révéla les Dix Commandements à son peuple après l'avoir libéré.

Malgré son importance, Chavouoth est une fête relativement moins festive que Pâque, au lourd rituel, ou Souccoth avec les cabanes, ou encore Roch Hachana, le Nouvel An, fête très solennelle, qui prépare Kippour. En un sens, Chavouoth est sérieuse dans sa commémoration de la réception de la Torah au mont Sinaï, cette Torah qui est au centre de la vie juive, qui est la base, le fondement, la source inépuisable à laquelle l'âme juive s'abreuve comme le peuple assoiffé en plein désert.

À Chavouoth, on lit les Dix Commandements. La fête débute avec la traditionnelle nuit d'étude : une veillée pendant laquelle on se réunit pour étudier jusqu'à l'aube.

J'ai vécu des Chavouoth d'enfance dans la communauté juive de Strasbourg, avec mon père comme maître qui enseignait le Talmud pendant toute la nuit à ses disciples. Chaque année, il apportait un texte différent, mais qui se rapportait toujours d'une façon ou d'une autre à l'actualité. Les fidèles se rassemblaient pendant la nuit. Il y avait les jeunes et les vieux, les hommes et les femmes, de tout âge, toute profession, rassemblés dans une atmosphère d'écoute et de recueillement. Plus la nuit avançait, et plus le maître se révélait, et les disciples aussi, car certains, pris de fatigue, dodelinaient de la tête, d'autres s'en allaient, épuisés.

BOREK
épinards et poivrons
5€90 la pièce

LATKES FARCI
-à la viande
3€90 la pièce

Il y avait une pause au milieu de la nuit avec du thé et des gâteaux, pour ceux qui voulaient reprendre l'étude jusqu'au petit jour.
Puis le jour, à la synagogue, on disait la prière de Chavouoth. D'en haut, où étaient les femmes, je les regardais. Les hommes étaient en bas. Recouverts de leur châle blanc, ils priaient. Les femmes souvent discutaient. Elles gardaient les enfants. Je me souviens des bébés dans les bras, et tout un attirail de biberons, de hochets, et de gâteaux divers. De temps en temps, lorsque le brouhaha se faisait trop fort, des « chut » énervés ou méprisants, ou encore des interjections impatientes montaient d'en bas. Moi, je trouvais la place intéressante. Elle permettait, comme d'une tour de contrôle, d'observer tout ce qui se passait chez les autres. En haut, on surplombe : on a le point de vue de Moïse descendant du mont Sinaï. On peut discerner ceux qui prient et ceux qui adorent le veau d'or. Finalement je préfère cette élévation à la place des hommes, obligés de prier et d'être au centre de l'action : ils n'ont pas de répit, eux. Je n'exigerai pas cette responsabilité en plus, même si c'est un privilège. C'est pourtant ce qui a été proposé en plein désert ce jour-là, lorsque Moïse est descendu avec les Tables de la Loi où étaient gravés les principes suprêmes fondateurs de la morale. Une lourde responsabilité à porter pour ceux qui l'acceptaient, et qui savaient, déjà, qu'ils se distingueraient non pas par leur supériorité naturelle mais par la supériorité de l'éthique. C'est pourquoi ils refusèrent cette loi trop pesante qui se brisa entre les mains de celui qui la portait. Et selon la tradition, ils ne l'acceptèrent que contraints et forcés.
Lorsque je lève la tête de mon livre, je vois les fils au milieu des pères, et des pères de leurs pères. Lors de la bénédiction des grands prêtres, le père recouvre la tête de ses fils, tous penchés sous son châle, en position ancestrale, pour recevoir sa bénédiction en même temps que celle des Cohen. Vu d'en haut, c'est comme au mont Sinaï, et, tout en bas, au pied de la

montagne, « le peuple voyait les voix » comme le dit le texte biblique. Voix ancestrales entonnant des chants d'un autre temps, voix comme des mirages venant des siècles passés, grandes incantations...
Puis on lit la belle histoire du « livre de Ruth », qui évoque une femme non juive, qui après la mort de son mari, a suivi sa belle-mère Noémie en prononçant ces mots éternels : « Où tu iras, j'irai, là où tu dormiras je dormirai : ton peuple sera mon peuple, ton Dieu sera mon Dieu. Là où tu mourras, je mourrai, là je veux être enterrée. Que l'Éternel agisse ainsi avec moi, et qu'il en rajoute : seule la mort me séparera de toi. » Ainsi nous savons que Chavouoth qui célèbre le don de la loi au peuple est ouverte à celui ou celle qui décide d'y adhérer, à tous ceux qui souhaitent prendre sur eux cette responsabilité.
Chavouoth garde le goût de l'aridité désertique, par la nuit d'étude, et aussi par le fait que traditionnellement, on ne mange pas de viande, qui symbolise la violence, alors que d'ordinaire pour les fêtes, il est recommandé de bien se nourrir.
Ainsi Chavouoth fait pâle figure à côté des autres fêtes qui sont bien souvent des festivals gastronomiques. Mais pour moi qui suis végétarienne, Chavouoth est toujours le meilleur festin. Celui de la traditionnelle tarte aux fromages car le mont Sinaï est la « Montagne des fromages » selon la tradition. Manger, selon l'expression hébraïque, c'est « voir les voix », faire de sa chair les moments du passé, tout comme on se nourrit des paroles du maître qui rapportent les actes des Anciens ; c'est être ensemble autour du repas, autour du texte ou autour de la montagne pour révéler leurs secrets, et, par ce simple fait, sortir de sa nuit, peut-être.
Après la nuit d'étude, l'aube vient, et on s'en va, fatigués, à pied, dans la ville encore endormie. Pas un bruit, pas une voiture, juste une poignée d'hommes qui rentre à la maison dans les premières lueurs du jour. Peut-être est-ce cela, le sens de Chavouoth : rappeler à quelques-uns

de ne pas s'endormir, et de rester, lorsque tout le monde dort, lorsque personne ne veille, la conscience éclairée de son temps, la lumière vacillante de l'aube.

5

5 LIEUX DE MÉMOIRE, LIEUX DE VIE

Abraham Heschel disait que les juifs ne construisent pas dans l'espace mais dans le temps. N'étant pas des bâtisseurs de cathédrales, ils abritent néanmoins leur mémoire dans des lieux où ils peuvent se réunir, prier, faire advenir leur autre vision du temps. Des lieux souvent discrets, intimes, à la faveur des circonstances historiques, ou plus grandioses parfois, des lieux remplis de lumière ou de tristesse... Beaucoup trop de mémoriaux, hélas, et peu de musées, puisque l'art juif réside essentiellement dans les objets rituels et quelques peintures. Ce qui me touche le plus, ce sont les lieux de vie et de prière : les mikvé, les anciennes maisons d'études, les synagogues. Je pense aux petites synagogues bleues et blanches de Safed, la ville des cabalistes en Israël, les vestiges des maisons de prières de Mogador, où priait ma famille, la sublime synagogue de Budapest, qui est presque une cathédrale, la Victoire à Paris, imposante et solennelle, la synagogue des Tournelles, ou encore la mystérieuse et émouvante synagogue de la rue du Vertbois, à l'ambiance et à la lumière confinée. J'aime particulièrement les petites synagogues du Comtat Venaissin, de Carcassonne, Cavaillon ou Avignon, si claires, dans leur lumière bleue, qu'elles ressemblent à des maisons célestes.

VESTIGES DU TEMPS

La synagogue de Carpentras est comme un écrin, un joyau du temps passé, qui est déjà un lieu de mémoire, de pèlerinage pour évoquer la présence des juifs en terre française depuis les premiers siècles. C'est une petite bâtisse toute de lumière et d'or, avec un velours bordeaux qui recouvre l'armoire où sont abrités les livres de la Torah. Le plafond peint en bleu, les trois grandes ménorah tout comme les lustres anciens semblent suspendus dans les airs, au-dessus des piliers de marbre rose et des boiseries. De grandes fenêtres laissent passer une lumière tamisée.

Aujourd'hui elle est déserte mais en y entrant, on a l'impression de traverser le temps, et de se retrouver en prière au Moyen Âge, lorsque les juifs chantaient les psaumes de David... devant Goliath, toujours, protégés puis attaqués. « L'Éternel est ma force et mon bouclier. C'est en lui que mon cœur se confie, et je suis secouru. Mon cœur est dans la joie, et je le loue par mes chants. » Douze expulsions de France n'ont pas eu raison d'eux. Ils sont toujours là, la France est toujours dans leur cœur et ils sont le cœur de la France. Ils ont participé à l'histoire et à la culture de la France depuis plus de deux millénaires.

La France est toujours dans leur cœur et ils sont le cœur de la France.

Chaque ville a son vestige, sa rue Brûlée, sa rue des Juifs, son musée, et en Europe, ses lieux de mémoire. Je les ai parcourus, souvent, j'ai arpenté les rues de Strasbourg avec sa Cathédrale et la Statue de la Synagogue aux yeux bandés et au sceptre brisé, les rues de Vienne, de Prague, à l'ombre du Golem, de Berlin, jusqu'à Tolède, au sommet de la petite montagne qui évoque une sorte de Jérusalem.

Là, le temps s'est arrêté ; tout est préservé, et l'on se retrouve brusquement au XIIIe siècle, quand les juifs traduisaient en castillan les textes arabes sous le règne d'Alfonso VII, empereur des trois religions.

J'ai posé mes pas sur les rues pavées, avec les boutiques d'épées de conquistadores et de souvenirs juifs. Lorsqu'ils furent chassés d'Espagne, mes ancêtres partirent avec les clefs de leur maison, incrustées dans leurs vêtements, dans les piments ou l'ail, car ils pensaient revenir un jour en Espagne et rouvrir les portes de leur demeure. J'ai habité dans le Marais où se regroupent encore les juifs, depuis le XIIe siècle, à côté de l'île des Juifs, où ils avaient construit leurs synagogues, avant d'être chassés par Philippe Auguste. J'ai vu récemment le quartier se transformer, les boutiques remplacer peu à peu les restaurants, les épiceries, et les boulangeries dont les vitrines alléchantes offrent les pâtisseries sépharades et ashkénazes : cornes de gazelles, cigares au miel et à la pâte d'amande, strudels aux pommes, au pavot, et délicieux gâteaux de fromage blanc, à côté des haloth tressées pour le chabbath.

לא
לא תנאף
לא תגנב
לא תענה
לא תחמד

זה השער ליי

Et pourtant, ils n'ont jamais quitté leur humanité, car dans leurs yeux si profonds, brille la flamme, la flamme juive, celle qui perdure, coûte que coûte, celle du cœur et de l'esprit.

DANS LEURS YEUX BRILLE LA FLAMME JUIVE

L'autre quartier juif, restera toujours Montmartre, ce petit village qui surplombe la ville, décoré de vignes et de vrilles, tout en hauteur et en marches, rues pentues et vues magiques, qu'admirent les touristes. Ses habitants y restent attachés, par-dessus tout, et malgré tout. Nés à Montmartre, ils y ont vécu toute leur vie, à l'exception du temps de la guerre, où ils furent obligés de s'enfuir et de se cacher, bien jeunes souvent, pour échapper au pire. À cette époque, s'y retrouvaient les juifs immigrés de Pologne, de Russie ou de Roumanie, qui travaillaient en tant qu'employés, dans des ateliers, souvent la confection, et parfois regroupés dans les mêmes immeubles où l'on entendait parler le yiddish, comme au shtetl. Ils se rendaient à la synagogue rue Saint-Isaure, travaillaient en semaine, et les enfants allaient à l'école, comme tout le monde. Tout s'est arrêté, un jour brusquement, lors de la rafle, en juillet 1942. Les coups frappés à la porte, le tampon, l'étoile, la porter, ne pas la porter, se cacher, vite, mais où ? Partir, bien sûr ; sans savoir si un jour ils allaient revenir.

Partir sur les routes de France, lorsqu'on n'a pas quinze ans, seul, pour sauver sa vie, travailler dans des fermes, les villages, partir à nouveau, s'abriter dans la vieille maison d'un paysan, et se chauffer d'un trognon de vigne, non pas celle de Montmartre, mais celle que l'on brûle lorsque l'on ne possède plus rien, que l'on a quitté sa maison, et que sa famille est déjà partie, mais elle ne reviendra pas, donner ses papiers en tremblant, passer l'hiver rude, et simplement survivre : une jeunesse frappée par la haine. Ils ont grandi trop vite, ils ont compris trop tôt l'horreur de l'homme qui fait du mal à l'homme, le destin tragique de naître juif, alors qu'on n'est qu'un enfant. Et pourtant, ils n'ont jamais quitté leur humanité, car dans leurs yeux si profonds, brille la flamme, la flamme juive, celle qui perdure, coûte que coûte, celle du cœur et de l'esprit.

LES LIVRES BRÛLÉS

Au XIIIe siècle, l'école de Paris était dirigée par Sire Vives, alias Yéhiel de Paris, et ses élèves tossafistes, commentateurs et disciples de Rachi, et je peux les imaginer, rue de la Tacherie, ces hommes en longs manteaux aux manches larges, et ces femmes aux robes resserrées à la taille. Les filles avaient les cheveux longs et bouclés lorsqu'elles n'étaient pas mariées et les épouses se couvraient avec un voile jusqu'aux épaules.

Chaque communauté vivait selon ses coutumes, dans ce territoire qui était le leur, en terre chrétienne. Les juifs étaient dans leurs quartiers, ils écrivaient de la philosophie et de la poésie, ils faisaient du commerce et de l'usure, puisque d'autres professions leur étaient interdites, et ils étudiaient.

Malheureusement, la haine surgit, celui qu'on appelle Saint Louis força les juifs à porter une marque jaune sur leur vêtement, pourchassa les juifs après avoir brûlé leurs textes. Et dans la folie humaine des massacres et de la dispersion, ils emportèrent leur culture, leurs rites, leurs familles, loin de cette violence, et ils survécurent, car au sein de chaque génération il y avait un sage, assis à sa table, devant un livre ancestral, qui réfléchissait sur l'Antiquité, dans une quête qui le menait vers la transcendance. Et ce n'est qu'à la mesure de cette connaissance qu'il devenait lui-même un homme.

Pain au Cumin
Pain au Pavot
Pain Razowy

186

Cacher
EXPOSITION
INTERNATIONALE
DU CONFORT MODERNE
PARIS 1909
RÉPUBLIQUE FRANÇAISE
NOS PAINS

DEAR CUSTOMERS

MÉMOIRES BLESSÉES

Ma famille a dans sa mémoire collective l'Inquisition et le départ des juifs d'Espagne, et aussi l'histoire de ses ancêtres au Maroc, où les juifs étaient des dhimmis, c'est-à-dire qu'ils étaient à la fois protégés et soumis ; mais ils ont aussi trouvé, au Maroc une terre d'accueil vivant en harmonie avec les musulmans.

Aujourd'hui, tout le monde a oublié ou occulté le massacre des juifs et leur expulsion sous l'Inquisition, mais il n'en reste pas moins un fond de drame et d'angoisse dans tout cœur oriental. C'est le traumatisme du monde sépharade, sur lequel le monde entier a mis un couvercle, en premier lieu les Espagnols, car ils n'en sont pas fiers. Malgré la déclaration du roi concernant l'Inquisition et le massacre des juifs, et sa demande de pardon, les Espagnols n'en parlent pas. Et chez les juifs aussi, qui apprirent à se cacher, et à changer d'identité, à devenir des marranes. Aujourd'hui, lorsque je cache les signes de mon appartenance, lorsque je suis inquiète d'aller à la synagogue, lorsque je n'aime pas m'afficher comme telle, lorsque je n'ose dire en public le prénom de mon fils, je me demande : « Que s'est-il passé ? Que nous est-il arrivé pour qu'un ministre, Manuel Valls, soit obligé d'affirmer, haut et fort, avec une émotion non feinte, que "la France sans les juifs ne sera plus la France" » ?

Hélas, chaque société réinvente ses paradigmes antisémites. Au Moyen Âge, les juifs avaient tué le Christ. Dans les années trente, ils étaient la race inférieure. Aujourd'hui, c'est l'antisionisme le nouveau mythe antisémite. Pourtant, le temps n'est pas si loin où les juifs furent déportés de France, emmenés par les policiers et le gouvernement de Vichy, qui est allé au-devant des exigences nazies, en déportant les enfants. Le mémorial de la Shoah, avec les noms des hommes, femmes, et enfants, inscrits sur les murs, est un lieu solennel et éprouvant. Nous ne nous en remettrons jamais. Impossible, vraiment, de faire face à cette horreur.

Le mal, dans son expression absolue, est un défi pour la pensée. Devant ce mur, on est frappé de stupeur. On peut regarder les noms, les entendre aussi comme à Yad Vashem à Jérusalem, sans jamais comprendre, sans jamais s'habituer. Le problème est d'arriver à transmettre (mais que transmettre ?) tout en gardant un point de vue d'extériorité totale par rapport au sujet, comme le fait Claude Lanzmann dans son film, Shoah. S'il est impossible de penser le mal qui met en déroute la réflexion, comment lui trouver une réponse et comment le définir ?

UNE PRIÈRE POUR LES VIVANTS

Lorsque le corps descend dans la tombe, recouvert de son linceul et de son châle de prière, lorsque l'on ne peut retenir ses sanglots, lorsque tout paraît vain et dérisoire, alors la prière du Kaddish, la prière pour les morts, écrite en araméen, qui sanctifie le nom de l'Éternel et appelle la paix, est un réconfort de l'âme et un pansement pour le cœur. N'est-il pas dit que Dieu effacera les larmes des visages ? Et toutes les âmes, celle des juifs comme celle des non-juifs seront entendues.

On dit aussi que Rabbi Aquiba sauva un mort du châtiment de la Géhenne lorsqu'il demanda à son fils de réciter le Kaddish pour lui. Et les Justes meurent dans un baiser. C'est ainsi qu'est parti Moïse, dans le souffle de Dieu. La vie pour les juifs est sacrée. C'est ce qui surpasse tout. Supprimer une vie revient à supprimer l'univers, tout comme sauver une vie revient à sauver le monde.

Le temps passe, mais la douleur est la même, rien ne l'efface, elle est toujours vive, comme au premier jour. J'aimerais tant avoir l'espoir d'une existence dans l'au-delà, mais je sais que nous n'en avons qu'une, que nous appelons « la vie », et que poussière, l'homme finit par retourner à la poussière. De la mort, je ne vois que la destruction, c'est la raison pour laquelle nous déchirons un vêtement lors d'un décès. Ainsi il est dit : « Un homme qui meurt, c'est comme un rouleau de la Torah qui a brûlé. » Nous ne possédons rien, tout est vanité, mais nous aimons la vie, et il n'est rien qui nous afflige davantage que de la voir s'éteindre. Voilà quelle est notre croyance, même si elle laisse peu d'espérance, en dehors de l'attente du Messie. Mais quel Messie ? Peut-être un peuple, qui montre le chemin dans la nuit.

LE MAL ABSOLU

La mémoire, en tant que vérité subjective transmise de bouche-à-oreille, par l'écriture du témoin-victime, est-elle une réponse à la question du mal ? Comment rappeler sans propager, comment perpétuer sans perpétrer ? La mémoire du mal semble impossible, tant l'homme est un animal oublieux, entretenu par la pulsion de vie.

Les déportés, après leur retour, ne parvenaient pas à s'exprimer. Beaucoup qui sont revenus se sont réfugiés dans le silence. Ou alors il y a ceux qui ont parlé et qui ont fini par se suicider, tels Primo Levi, Jean Améry, Paul Celan, ou Bruno Bettelheim. Dans son dernier livre, *Les Naufragés et les Rescapés*, Primo Levi donne un élément de réponse au mystère du suicide des survivants : il témoigne du sentiment de honte qu'il ressent à l'idée d'être vivant à la place d'un autre, d'un homme plus généreux, plus sage ou plus sensible, bref, plus méritant. Passant ses souvenirs en revue, il se remémore des hommes plus dignes

de vivre que lui. Pourquoi lui ? se demande-t-il. Pourquoi a-t-il été choisi pour porter la terrible nouvelle, pour être vivant aux dépens d'un autre ? Aujourd'hui, les derniers témoins de la Shoah livrent leurs dernières paroles. Cette idée me bouleverse. Bientôt il n'y aura plus de témoignage direct, donc plus de témoignage. Juste des paroles rapportées, des livres d'historiens, et des lieux de mémoire. Mais plus personne pour nous raconter, pour nous dire, comment c'était, pour nous en parler, pour raconter. Qu'allons-nous devenir sans les témoins qui sont les consciences de notre temps ? Qui allons-nous croire ? Comment croire ce qui est incroyable ? Comment faire sans Élie Wiesel, dont l'œuvre porte le sceau du scandale, comme il est écrit dans le passage de *La Nuit*, où, devant l'enfant pendu, le narrateur se demande « où est Dieu » ? Face à la Shoah, la question, énorme, obsédante, est en fait : « A-t-on le droit d'être heureux ? » Le silence grandissant autour du mal, l'impossible parole et la disparition des derniers témoins, me fait peur. Dans le silence de la mémoire, il y a la perpétration du mal, qui, tel un fantôme, hante les esprits de génération en génération. Je vois chez certains amis ashkénazes, de la deuxième génération d'après la Shoah, l'angoisse de ceux qui ont subi le mal et qui s'en veulent de ne pouvoir alléger le cœur de leurs parents, de n'être pas à même de les aider, sinon à écouter leur silence douloureux. Heureux, ils se trouvent indécents. Ils rejettent le bonheur, car ils pensent qu'il n'est pas légitime, comme s'il n'était pas possible d'aimer après le mal fait, tout comme il n'est pas possible d'écrire de poème après Auschwitz.

Ô vous frères humains est le premier livre que j'ai lu sur le sujet de l'intolérance et de l'antisémitisme, et sur la réaction et l'action face à cette catastrophe de l'humanité. Albert Cohen, avec son sens du lyrisme et sa sensibilité extrême, a trouvé les mots qui donnent au problème une résonance cosmique. Face au racisme, c'est à la fois l'être et le monde qui s'effondrent.

Nous sommes tous cet enfant qui découvre le monde par le mal que l'homme fait à l'homme

La plume si émotive d'Albert Cohen retrace ici un souvenir d'enfance, en retrouvant le sentiment originel et originaire, qui permet de saisir l'essence et l'effroi, la déchirure : la catastrophe. Nous sommes tous cet enfant blessé, perdu à jamais, dans le sens où il a perdu son innocence. Nous sommes tous cet enfant qui découvre le monde par le mal que l'homme fait à l'homme, et nous ne nous en remettrons jamais.

La mémoire du mal est impossible. Les lieux de mémoire sont le signe paradoxal de la mémoire et de l'oubli. On crée des musées, parce que l'on veut conserver ce que l'on a peur d'oublier. On fait des musées parce que l'on a déjà tout oublié. Je voudrais opposer à la mémoire du mal, la célébration du bien, comme une rédemption : les Justes nous permettant de relever la tête, et d'être fiers. Leurs actions exaltent notre cœur et notre esprit, et nous mettent en joie. Ils nous étonnent, ils suscitent plus que quiconque, notre admiration, et redonnent espoir dans l'homme.

En 2007, dans la crypte du Panthéon, Jacques Chirac a inauguré la présence des Justes parmi les grands hommes. Ce titre de Juste a été décerné à titre collectif au village de Chambon-sur-Lignon qui a hébergé plus de 2500 juifs. 10000 enfants ont été sauvés en France lorsque leurs parents étaient déportés, par des dizaines de milliers de gens.

Alors je peux le dire, la France est mon pays. Je suis un écrivain français, je vénère la beauté de la langue et je suis intimement nourrie et pétrie de culture française. La France est aussi le pays des juifs. Les juifs ont marqué et influencé l'histoire de France, et les valeurs de notre pays, telles que l'humanisme, les Lumières, et la liberté, l'égalité et la fraternité. Tout comme la France a permis au judaïsme français de se construire d'une façon singulière, unique au monde, de Rachi à Jacob Gordin, Léon Askenazi et Emmanuel Lévinas, André Néher et bien d'autres encore.

1942
le mur depuis juin 2013

Un judaïsme philosophique d'une portée exceptionnelle a pris naissance dans ce pays et ce n'est pas un hasard. Aucun pays n'a apporté autant de lumières et d'intelligence au monde, avec une littérature d'une beauté et d'une grande richesse.

Parviendrons-nous à surmonter le traumatisme de la modernité comme nous avons surmonté celui de la haine et de l'injustice ? Est-ce que nous continuerons d'exister avec notre langue, notre vie, notre culture, nos rites religieux et notre liturgie ou allons-nous perdre notre âme dans le magma mondial de la technologie qui nous enlève notre mémoire et la remplace par Google ?

Et pourtant, dans toute l'histoire de l'humanité, il n'y a pas d'histoire similaire : tout un peuple qui abandonne son pays, et qui conserve son identité et sa langue pendant des siècles… Où qu'ils aillent, que ce soit au Maroc, en France, en Turquie, à New York, ou au Venezuela. Dans tous ces lieux, les juifs ont créé des maisons où ils racontent leur histoire. Le judaïsme est une épopée, une formidable narration. La culture, la langue, la cuisine, la façon de vivre, d'aimer, de parler… Si nous avons survécu, c'est grâce à la transmission de cette épopée, au cœur de laquelle sont écrits les Dix Commandements. Ce sont les juifs qui ont apporté au monde, cette idée, « Tu ne tueras point ». Ce sont eux aussi qui ont annoncé que l'humanité était une, et que tous les hommes venaient d'un seul, ainsi personne n'est supérieur à l'autre. Ce temps est celui de la dispersion, du rejet et de l'assimilation, et la fin de notre monde millénaire, et de notre culture, chacun, je crois en est responsable.

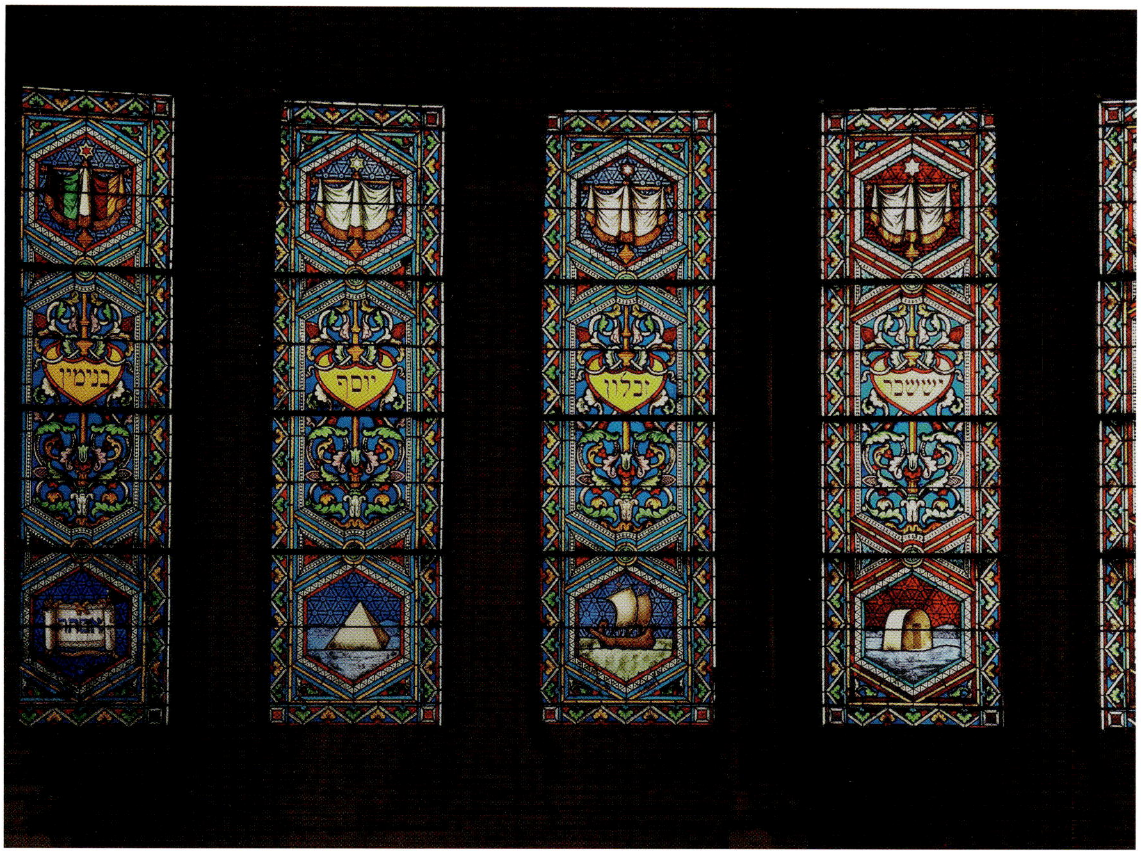

C'est sans doute la raison pour laquelle, je sens, au fond de moi, l'urgence d'écrire. À cause de la perte de sens, à cause du temps qui passe, à cause de la situation difficile dans laquelle se trouvent les juifs, menacés en tant que juifs. Rendre la tradition accessible afin qu'elle ne soit pas oubliée. Transmettre, et révéler des enseignements murmurés jusque-là de génération en génération, de maître à disciple, par voie orale.

Le mot Séfirot, qui signifie « éons » ou « émanations », dans la Cabale vient de : safar, « raconter » ou sappir, « luminosité », ou sefer : « livre ». Le texte n'est autre que le reflet de la lumière de l'imagination du lecteur, et l'imagination du lecteur un reflet de la lumière du texte.

La Torah annonce la création et elle en est l'instrument capable de lui donner sens. C'est à travers elle que l'homme se relie au monde et à l'homme : « Deux yeux, deux oreilles, deux narines, une bouche, un visage. Sept lumières pour éclairer le monde. Sept mondes pour recevoir la lumière », dit le Zohar. Les mots contiennent des forces indicibles au pouvoir secret. Les dix Séfirot sont des clefs de compréhension de l'Écriture et, à travers elle, du monde, et grâce à elles, nous pouvons passer du visible à l'invisible.

L'absolu ne s'exprime pas : il se vit. Mais on peut dire la façon dont s'organise le monde, avec la *kavana*, intention profonde ou méditation mystique, le *tiqqun*, restauration de l'harmonie céleste, et le *yihud*, acte d'unification. Derrière l'apparente frivolité des choses, se cache l'impulsion mystique, quelque chose de proprement messianique et que je ressens, pour ma part, à travers l'art ou la Torah. L'écriture et les Écritures sont liées dans mon cœur, au point que je m'identifie souvent à un scribe, plus qu'à un écrivain. Un scribe qui travaille durement, qui se concentre pour former les mots et qui trace des lettres, inspiré par tout ce qui forme le mystère de l'homme et de la vie !

Samuel

Couverture : Allumage des bougies du chabbath

Pages 10-11 ; 56-57 ; 100-101 ; 130-131 ; 172-173 : calligraphies de Franck Lalou.

Page 8.
Haut gauche : mariage. Synagogue des Tournelles, Paris ; haut droite : rideau de l'Arche Sainte, Grande synagogue de La Victoire, Paris ; bas gauche : Le Pourim, synagogue Beth Hillel, Sucy-en-Brie ; bas droite : Ménorah du XVIIe siècle, synagogue de Carpentras.

Pages 14, 16 et 17. Prières du matin, Brit Milah.

Pages 18-19, 20, 21. Brit Milah.

Pages 23, 24, 25, 26, 27, 28-29.
Bar Mitsva, synagogue Buffault, Paris.

Pages 30, 31, 32-33, 34, 35, 36-37.
Bar Mitsva, synagogue Ahavat Shalom, Paris.

Pages 39 et 41. École Beth Rivkah, Yerres, Essonne.

Pages 43, 44, 45.
Mariage, synagogue des Tournelles, Paris.

Pages 46-47, 48, 49.
Mariage, synagogue de la Paix, Strasbourg.

Page 51. Armand Abécassis, professeur émérite de philosophie générale et comparée et écrivain, et sa femme, Janine Abécassis, psychanalyste, professeur émérite de psychologie clinique.

Page 53. Ruth Lazimi, méditation après l'allumage de bougies du chabbath.

Page 54. Sandrine Pinto, Bar Mitsva, synagogue Ahavat Shalom. Paris

Page 60. Armand Abécassis, professeur émérite de philosophie générale et comparée et écrivain.

Pages 62-63. Talmud, Troyes.

Page 65. Haut : dessins illustrant la Ménorah (centre), la table des pains et une carte géographique de la Terre d'Israël (gauche). Maison Rachi, Troyes ; bas : portrait de Rachi Salomon de Troyes, l'une des principales autorités rabbiniques du Moyen Âge.

Pages 66-67. Cours de Talmud, Beth Loubavitch, Paris.

Pages 68, 69, 70-71, 72, 73, 76-77, 78-79, 80, 81. Institut supérieur. La Yeshiva de Brunoy, Essonne.

Page 74. Professeur Liliane Vana en train d'enseigner une page de Talmud.

Page 85. Torah, dans la plus vieille synagogue d'Europe en activité, « la petite Jérusalem » du Comtat Venaissin. Synagogue de Carpentras.

Pages 86 et 87. Hanoukka et parures de Torah. Musée d'art et d'histoire du Judaïsme, Paris.

Page 88.
Gauche : Sefer Mashmia Yeshou'ah (livre de l'annonciation de la délivrance), Benveniste, 1644, Amsterdam. Musée d'art et d'histoire du Judaïsme, Paris ; droite : L'Exil. Ornements pour la Torah. Shanghai, XIXe siècle. Musée d'art et d'histoire du Judaïsme, Paris.

Pages 89 et 90.
Frank Lalou, calligraphe, librairie du Temple, Paris.

Pages 92-93. Le Zohar de Mantoue (1558), rédigé en araméen médiéval lu par David Marciano ; le Sepher ha-zohar (livre de la splendeur) est l'œuvre maîtresse de la Cabale.

Page 94. Dans le judaïsme, il y a un impératif d'étudier, de réfléchir, d'analyser les textes et les traditions.

Page 96. Gilles Bernheim, Grand Rabbin, en train de lire un livre de Talmud.

Pages 98-99.
Prières du matin, synagogue Safra-Enio, Paris.

Page 105. Châle de prière.

Pages 106 et 107. La Boutique Jaune, Sacha Finkelsztajn. 27 rue des Rosiers, Paris.

Page 108. Rideau d'Arche Sainte (Parokhet), Grande synagogue de la Victoire, Paris.

Pages 110. Mézouzah.

Page 111. Bougies du chabbath.

Pages 112 et 113. Prière pour l'entrée du chabbath.

Pages 114-115.
Ménorah, XVIIe siècle, synagogue de Carpentras.

Page 116. Mikveh, XIVe siècle, surnommé « Cabussadou », synagogue de Carpentras.

Page 118. Rideau d'Arche Sainte (Parokhet), Italie, fin du XVIIIe siècle. Musée d'art et d'histoire du Judaïsme, Paris.

Page 119. Vue de Jérusalem, huile sur toile, anonyme. Musée d'art et d'histoire du Judaïsme, Paris.

Pages 120-121. Architecture néomauresque, ashkénaze. Synagogue Nazareth, Paris.

Page 123. Coffre et rouleau de Torah, empire Ottoman, 1860. Musée d'art et d'histoire du Judaïsme, Paris.

Page 124. Rideau d'arche sainte et Ménorah du XVIIe siècle. Synagogue de Carpentras.

Page 127. Armoire sainte et Sepher Torah. Grande synagogue de La Victoire, Paris

Pages 128-129. Grande synagogue de La Victoire, Paris

Pages 134 et 135. Un buffet de plats de la cuisine traditionnelle juive réinventée par Julien Sebbag, jecuisinecheztoi.fr

Pages 137, 138-139. Table du Chabbath.

Pages 140-141.
Livre de prière et le yad. Synagogue Nazareth, Paris.

Page 143. Célébration d'installation officielle de M. Le Rabbin Moshé Sebbag en 2010. Grande synagogue de La Victoire, Paris.

Pages 144 et 145. Fête des cabanes, Souccoth. Musée d'art et d'histoire du Judaïsme, Paris.

Page 146. Hanoukka. Fête des lumières.

Page 147. Hanoukka XVIe-XVIIe siècles. Synagogue de Carpentras.

Page 150. Pourim. Synagogue Beth Hillel, Sucy-en-Brie.

Pages 149, 152-153, 154, 156-157. Pourim. Synagogue Safra-Enio, Paris.

Page 155. Rabbin Delphine Horvilleur avec le rouleau d'Esther. Synagogue MJLF Beaugrenelle, Paris.

Pages 158 et 159.
Pourim. Synagogue Beth Hillel, Sucy-en-Brie.

Page 161. Fête de Pessah.

Page 162. Livres de la tradition et pain azyme Pessah.

Page 163. Boulangerie pain azyme (Pessah), 1367. Synagogue de Carpentras.

Pages 164-165. Talmud et livres de la tradition.

Pages 167, 168 et 169. La Boutique Jaune, Sacha Finkelsztajn. 27 rue des Rosiers, Paris.

Pages 170 et 171.
Bar Mitsva. Synagogue Ahavat Shalom, Paris.

Page 177. Dans la synagogue de Carpentras, à droite de l'Arche, une niche portant le fauteuil du prophète Élie.

Pages 178-179. Art religieux rococo du XVIIIe siècle, ferronneries italianisantes, dans la synagogue de Carpentras, plus ancienne en activité, édifiée par les juifs comtadins de Carpentras en 1367.

Pages 180 et 181. Vue générale de la salle des prières. Synagogue de Carpentras.

Page 183. Daniel et Hélène Goldman. Montmartre.

Pages 185 et 186-187.
Boulangeries, pâtisseries rue des Rosiers, Paris.

Pages 188, 189, 190-191. Prières pendant la fête de Pessah. Beth Loubavitch, Paris.

Pages 192 et 197. Mémorial de la Shoah, les murs des noms.

Page 193. Mémorial des enfants avec les 3 000 photos.

Pages 194-195. Mémorial de la Shoah. Georges Bensoussan, historien, devant le cylindre de bronze qui porte les noms du ghetto de Varsovie et des camps dont Auschwitz, Najdanek, Mauthausen...

Pages 198-199. Mémorial de la Shoah. La crypte.

Page 200. Vitrail ornant la grande salle communautaire, et illustrant l'arbre généalogique de Rachi, grand rabbin troyen, XIe-XIIe siècle. Maison Rachi, Troyes.

Page 201. Vitraux allégoriques des douze tribus d'Israël. Grande synagogue de La Victoire, Paris.

Pages 202-203. Bar Mitsva. Synagogue Buffault, Paris.

Olivier Martel est photographe reporter. Ayant travaillé sur la religion catholique et sur la religion orthodoxe en Russie pendant de longues années, il s'est tout naturellement intéressé à la religion juive en France, en cherchant à saisir la relation intime de l'homme avec Dieu.

L'Âme cistercienne, Le Chêne, 1999

Voyage en Russie, Sur les traces de Michel Strogoff, Solar/Géo, 2005

L'Âme russe (texte de Dominique Fernandez), Philippe Rey, 2009

Sur les routes du Sacré, Presses de la Renaissance, 2010

Femmes éternelles à travers le monde (texte d'Eric Fottorino), Philippe Rey, 2011

L'Amour sauvera le monde (texte de Michael Lonsdale), Philippe Rey, 2011

365 Méditations, Paroles de vie de l'abbé Pierre, Presses de la Renaissance, 2011

Berbères (texte d'Eric Fottorino), Philippe Rey, 2012

L'Esprit des Monastères (texte d'Anne Ducrocq), Gründ, 2014

Méditations sur la Vie (textes d'Anne Ducrocq et de Christophe André), Gründ, 2016

Eliette Abécassis, écrivain et philosophe française, a écrit de nombreux thrillers ésotériques, des romans, et des essais. Elle intervient régulièrement à la télévision pour apporter un regard philosophique sur l'actualité.
Elle est elle-même profondément pratiquante et son éducation et sa vie sont baignées de la religion et de la culture juives.

Qumran, Ramsay, 1996

L'Or et la Cendre, Ramsay, 1997

Petite métaphysique du meurtre, PUF, 1998

La Répudiée, Albin Michel, 2000

Le Trésor du temple, Albin Michel, 2001

Mon père, Albin Michel, 2002

Clandestin, Albin Michel, 2003

La Dernière Tribu, Albin Michel, 2004

Un heureux événement, Albin Michel, 2005

Le Corset invisible (avec Caroline Bongrand), Albin Michel, 2007

Le Livre des passeurs (avec Armand Abécassis), Robert Laffont, 2007

Mère et fille, un roman, Albin Michel, 2008

Sépharade, Albin Michel, 2009

Une affaire conjugale, Albin Michel, 2010

Et te voici permise à tout homme, Albin Michel, 2011

Le Palimpseste d'Archimède, Albin Michel, 2013

Un *secret du docteur Freud*, Flammarion, 2014

Alyah, Albin Michel, 2015

Philothérapie, Flammarion, 2016

L'Ombre du Golem, Flammarion, 2017

Le Maître du Talmud, Albin Michel, 2018

Achevé d'imprimé
par Leporello en Union européenne